PAM FARREL

WENN DIE
Stille
Zeit
ZU STILL IST

30 Tipps
für aufgeweckte
Begegnungen
mit Gott

SCHULTE & GERTH

Die amerikanische Originalausgabe erschien im Verlag
InterVarsity Press, Downers Grove, Illinois.
unter dem Titel „30 Ways to Wake Up Your Quiet Time!".
© 1999 by Pam Farrel
© der deutschen Ausgabe 2000 Gerth Medien GmbH, Aßlar
Aus dem Amerikanischen übersetzt
von Mechthild Bruchmann.
Falls nicht anders vermerkt, wurden die Bibelzitate
der Gute Nachricht Bibel entnommen.

Best.-Nr. 815 685
ISBN 3-89437-685-6
1. Auflage 2000
Umschlaggestaltung: Hanni Plato
Satz: Typostudio Rücker
Druck und Verarbeitung: Ebner Ulm
Printed in Germany

Inhalt

Bitte aufwachen!

Und täglich grüßt das Murmeltier, der Film, in dem Bill Murray immer und immer wieder am Morgen des 2. Februar aufwacht, um diesen Tag noch mal und noch mal zu durchleben, hat meinem Mann und mir wirklich gut gefallen. Zu Anfang seiner ungewöhnlichen Situation versucht Bill Murray noch verzweifelt, dieser sich ständig wiederholenden Routine zu entfliehen. Doch dann fängt er irgendwann an, dieses ewige Einerlei zu gestalten, und die Routine hilft ihm, innerlich fester und erwachsener zu werden. Er lernt Prioritäten setzen, lernt, wie man liebenswerter werden kann und wie man andere Menschen richtig behandelt.

Mit der Routine einer täglichen Stillen Zeit ist das nicht anders. Wir haben die Chance: Entweder wir verlieren die Lust an der Sache und uns fällt im Gespräch mit Gott nichts mehr ein, oder wir erkennen den Wert einer Routine und geben unserem Leben mit ihr Rückgrat und Halt. Wer seine Zeit mit Gott kreativ gestaltet, für den wird Gott wirklicher und eine reale Person.

Unser Sohn Brock war noch recht klein, als mein Mann und ich gemeinsam eine Freizeit für Jugendleiter hielten. Während ich gerade eines meiner Referate hielt, kam unser Babysitter herein und zog Bill mit sich aus den hinteren Reihen. Brock hatte einige geistliche Fragen, die er auf der Stelle von seinem Vater beantwortet haben wollte.

Er stellte die folgenden Fragen: „Woher kommt Gott? Woher kommt das Böse? Warum erklärt ihr großen Leuten die Bibel?"

Bill, der glaubte, dass dies eine Sternstunde zur geistlichen Belehrung seines Sohnes sei, fragte Brock, ob er nicht Jesus bitten wolle, in sein Herz zu kommen. Brock ist unser erstes Kind und deshalb merkte der damals noch recht unerfahrene junge Vater wahrscheinlich nicht, dass diese Fragen etwas altklug waren.

Aber Brock kam gut damit zurecht und antwortete: „Nein, Papa. Erst wenn Jesus aus der Bibel herauskommt, will ich ihn in mein Herz einladen."

Das ist es, worauf es ankommt. Wir müssen das Wort Gottes so sehr Wirklichkeit werden lassen, dass erkennbar wird: Hier handelt es sich nicht um einen Flanelltafel-Gott, sondern um meinen persönlichen Erlöser, um seinen Heiligen Geist, der in mir wohnen will und um unseren allgegenwärtigen Vater im Himmel, der um mich besorgt ist.

Werkzeuge für ein geistliches Wachstum

Mir ist es ein großes Anliegen, Gott mit der ganzen Bandbreite meiner Gefühle, die er mir geschenkt hat, zu erfahren. Ich möchte, dass er mich durch die unterschiedlichsten Situationen, die mir in meinem Leben begegnen, in sein Bild umgestaltet. Und dazu möchte ich ihm viele Gelegenheiten bieten und brauchbare Werkzeuge an die Hand geben.

Mein Vater war der Leiter eines großen Werkzeuglagers einer großen Landmaschinen-Fabrik. Und als Kind war ich immer völlig fasziniert, wenn er angerufen wurde und den Leuten exakt sagen konnte, welches Werkzeug sie aus welchem Regal nehmen mussten, um ihr besonderes Problem zu beheben. Zudem konnte er seinen Kollegen genau sagen, wo sie drehen, drücken, ziehen oder ihr Werkzeug ansetzen mussten, um zum Ziel zu kommen. Es schien mir dann immer so, als hätte er alle Maschinen mit all ihren Einzelteilen und allen verfügbaren Werkzeugen im Kopf. Auch unsere Garage zu Hause war mit Regalen bis unter die Decke bestückt und jede Wand war nach dem gleichen Vorbild genau eingeteilt und mit dem richtigen Werkzeug im richtigen Fach für jeden erdenklichen Fall ausgerüstet. Wenn ich so an meine Kindheit zurückdenke, wünsche ich mir auch heute eine solche Werkstatt mit Werkzeugen bis unters Dach, damit ich möglichst viele Aspekte des unerschöpflichen Gottes, dem ich diene, erfassen und begreifen kann.

Das vorliegende Buch ist für Menschen gedacht, die auf Gottes Stimme achten und auf ihn hören wollen. Sie können die hier aufgeführten Anregungen auf unterschiedliche Weise anwenden: Sie können Ihre ganz normale tägliche Stille Zeit mit ihnen ergänzen, um Abwechslung in Ihren Alltag zu bringen. Sie können sie nutzen, um einmal in der Woche eine neue Idee zu verwirklichen, oder Sie können sich dreißig Tage lang hintereinander mit meinen Vorschlägen beschäftigen.

Mit Hilfe dieser 30 Anregungen können Sie verhindern, dass Ihre Zeit mit Gott – falls sie zu akademisch oder intellektuell geworden ist – langweilig wird oder gar verödet. Erlauben Sie sich einmal eine kleine Freude und genießen Sie ganz entspannt die Gegenwart dessen, der Sie erschaffen hat. Sie müssen meine Vorschläge nicht alle nacheinander abarbeiten, wie Aufgaben, die Sie in der Schule gestellt bekommen. Sondern sie sind allein zur Bereicherung Ihrer eigenen Ideen gedacht. Betrachten Sie sie als einen guten Kaffee für Ihre Seele. Gießen Sie sich eine große Tasse voll ein und beginnen Sie zu genießen!

Der weltberühmte englische Schriftsteller Charles Dickens hat das Neue Testament wärmstens als „das allerbeste Buch, das je geschrieben worden ist" empfohlen. Der bekannte General Douglas MacArthur, der im Zweiten Weltkrieg die amerikanischen Truppen befehligte, bemerkte: „Auch wenn ich noch so müde bin, es vergeht kein Abend, an dem ich nicht Gottes Wort lese, bevor ich zu Bett gehe." Und der erste Präsident der Vereinigten Staaten von Amerika, George Washington, hat gesagt: „Es ist unmöglich, die Welt anständig zu regieren ohne Gott und die Bibel." Auch andere Präsidenten nach ihm haben dem zugestimmt, so zum Beispiel Abraham Lincoln: „Die Bibel ist das beste Geschenk, das Gott dem Menschen gab." Und Dwight D. Eisenhower pflichtete ihm bei: „In der Bibel lesen, ist wie eine Reise ins Wunderland, wo der Geist gestärkt und der Glaube erneuert wird."

Achtung: Die Bibel verändert Gewohnheiten! Bei regelmäßiger Anwendung verursacht sie Angstverlust, vermindert das Bedürfnis zu lügen, zu stehlen, über andere zu reden und zu hassen. Risiken und Nebenwirkungen: Liebe, Freude, Frieden und Begeisterungsfähigkeit werden verstärkt wahrgenommen.

Jesus nahm sich Zeit

Haben Sie sich schon einmal Gedanken gemacht, warum die sogenannte Stille Zeit mit Gott von allen Seiten immer wieder empfohlen wird? Seien wir doch ehrlich: Viele von uns haben die Stille Zeit einfach nur übernommen, weil sie irgendwann einmal gehört haben, dass sie gut sein soll. Aber warum und wozu soll sie gut sein? Wenn ich derartige Fragen habe, schaue ich mir gern das Leben Jesu an, um bei ihm die Antwort zu finden.

Die Stille Zeit ist sehr lehrreich. Wir wissen, dass Jesus sich eingehend mit dem Alten Testament beschäftigt hat. Denn als er als Zwölfjähriger in den Tempel ging, hat er bereits in diesem jungen Alter mit seinen Fragen und Antworten die Gelehrten in Erstaunen versetzt (Lukas 2,41-47). Zudem ist die tägliche Beschäftigung mit dem Wort Gottes wie ein Skelett, wie eine Art Gerüst, das unserem Leben Halt gibt.

Die Stille Zeit schafft eine enge Beziehung zu Gott. Bevor Jesus seinen Auftrag zu lehren öffentlich ausübte, fastete er 40 Tage lang in der Wüste. Hier übte er Selbstdisziplin und hörte auf die Stimme seines Vaters. Aus diesem Grund wusste er dann auch, wie er der Versuchung des Teufels widerstehen konnte

(Lukas 4,2-13). Es gibt aber noch mehr Begebenheiten, in deren Zusammenhang ein enger Kontakt mit Gott steht, so betete Jesus die ganze Nacht hindurch, bevor er seine zwölf Jünger auswählte (Lukas 6,12-13). Und als die Menschenmenge ihn bedrängte, suchte er sich einen ruhigen Ort, wo er alleine beten konnte (Markus 1,32-35). Auch kurz bevor sein Leben hier auf dieser Welt enden sollte, bevor er ans Kreuz ging, betete er im Garten Gethsemane (Markus 14,32-42). Genauso wie Jesus brauchen wir Menschen das ständige Gespräch mit unserem Vater, besonders wenn wir gestresst sind.

Die Stille Zeit gibt Kraft. Nachdem die Jünger einige Zeit mit Jesus verbracht hatten, sandte er sie zu zweit aus. Und während sie so unterwegs waren, gab Gott ihnen erstaunliche Kräfte: Sie hatten die Gabe, Kranke zu heilen und Besessene von Dämonen zu befreien. Außerdem wird berichtet, dass Jesus an einem einsamen Ort betete, bevor er mit den paar Brotfladen des kleinen Jungen und zwei Fischen 5.000 Menschen satt machte (Markus 6,30-44). Und bevor er am Grab des Lazarus befahl: „Komm heraus!", betete er erst zu seinem Vater im Himmel (Johannes 11,41-43). Ja, selbst vom Kreuz aus betete Jesus noch: „Vater, in deine Hände gebe ich meinen Geist!" (Lukas 23,46). Aus diesen Beispielen lernen wir, dass uns die Zeit, die wir mit Gott verbringen, sehr viel bringt.

Suchen Sie die Verbindung mit Gott

Was motiviert Sie, Zeit mit Gott zu verbringen? Jesus suchte vor allen großen Entscheidungen seines Erdenlebens die Verbindung zu seinem Vater.

Nehmen Sie sich Zeit und lesen Sie nach, was die Bibel über Jesus aussagt. Auf diese Weise lernen Sie mehr darüber, wie und wann er Zeit mit Gott verbrachte.

Warum haben Sie bisher Stille Zeit gehalten? Aus einem christlichen Pflichtgefühl heraus? Um mitzuhalten? Um anderen geistlich überlegen zu sein? Oder um anderen mit Ihrer Bibelkenntnis zu imponieren?

Wenn Ihre Motivation nicht ganz in Ordnung war – damit meine ich, wenn Sie es nicht um Gottes und Ihrer selbst Willen getan haben –, dann bitten Sie Gott, dass er aus Ihrer Stillen Zeit eine Begegnung mit ihm selbst macht.

Wie die Kinder

Jesus sagt uns in seinem Wort: „Wenn ihr nicht werdet wie die Kinder ..." Ihm ist es also wichtig, dass wir ihm mit der Unvoreingenommenheit und dem Herzen eines Kindes entgegentreten.

Als ich acht Jahre alt war, lernte ich Psalm 23 auswendig. Als ich ihn dann fehlerfrei aufsagen konnte, bekam ich zur Belohnung ein kleines weißes Kreuz an einem hübschen lila Band geschenkt, auf dem geschrieben stand: „Er ist auferstanden." Weil es nachts in meinem dunklen Zimmer leuchtete, hängte ich das Kreuz ganz nah neben mein Bett. Mein Vater war Alkoholiker. Und während ich im Bett angsterfüllt dem Streit meiner Eltern lauschte, wurde dieses Kreuz für mich zu einem Leuchtfeuer in diesen traurigen Zeiten.

Versetzen Sie sich in die Welt eines Kindes!

Suchen Sie sich ein Symbol für Ihre Beziehung zu Gott, so wie auch Kinder und Jugendliche bestimmte Gegenstände haben, die für sie einen sicheren Halt darstellen. Sind Sie früher als Kind immer mit einem Kuscheltier oder einer Puppe eingeschlafen, mit Musik oder einem anderen Trostspender? Vielleicht finden Sie ein Symbol, das Sie an Ihrem

Schlüsselbund befestigen oder an die Wand hängen oder auf Ihren Schreibtisch stellen können. Irgendetwas, das Sie daran erinnert: Gott ist immer bei mir, eine Hilfe in großen Nöten (Psalm 46,1).

Sie können aber auch einmal versuchen wieder wie ein Kind zu beten: „Müde bin ich, geh zur Ruh, schließe beide Augen zu. Vater, lass die Augen dein über meinem Bette sein." Damit sagen Sie Gott schlicht und einfach, dass er auf Sie aufpassen soll.

Nehmen Sie hin und wieder Ihre alte Kinderbibel zur Hand oder ein Vorbereitungsheft für Kindergottesdiensthelfer und denken Sie darüber in Ihrer Stillen Zeit nach. Vielleicht malen Sie die Kindergottesdienst-Zeitung aus, singen ein Kinderlied oder basteln etwas! (Jedes Mal, wenn ich eine bestimmte Seife rieche, denke ich an die „Bibel", die ich als Zehnjährige aus einer Kiste im Kaufhaus kramte!) So manche biblische Geschichte, die extra für Kinder aufbereitet wurde, kann einen ganz neuen Aspekt zu Themen wie Lügen, Teilen und Meckern, mit denen auch mein Herz bis heute zu kämpfen hat, in unsere persönliche Andachtszeit bringen.

Verbringen Sie Ihre Stille Zeit mit einem Kind! Fragen Sie doch einmal ein Kind, was es über einen bestimmten Bibelvers denkt. Neulich fragte ich unseren achtjährigen Sohn nach einer wortgewandten Sonntagspredigt seines Vaters, was er aus dieser Predigt gelernt habe. Ich hatte eigentlich die typische „Jesus-liebt-mich"-Antwort erwartet, und war dann freudig überrascht, als er sagte: „Wir sollen nicht nach Ausreden suchen, wenn wir Gott nicht gehorchen." Wow!

Probieren Sie einige dieser Vorschläge für Ihre Stille Zeit aus und Sie werden sich zunehmend jünger fühlen, wenn es Ihnen gelingt, Gottes Wort mit dem Herzen eines Kindes zu betrachten.

„Lieber Jesus ..."

Als ich noch Studentin war, nahm ich einmal an einem mehrtägigen Seminar für Gruppenleiter von Campus für Christus teil. Es war damals noch nicht lange her, dass ich Christ geworden war, doch ich hatte seitdem bereits an einer stattlichen Anzahl von Bibelstudienkursen teilgenommen. Es sah fast so aus, als wollte ich damit eine Art Siegerurkunde erringen.

In einer kleinen Gesprächsrunde fragte uns die Leiterin nach unserer Stillen Zeit. Wir äußerten uns reihum dazu und dann schlug die Gesprächsleiterin vor: „Vielleicht solltet ihr euch ein Tagebuch zulegen, in das ihr nach jeder Bibellese einen Brief an Jesus schreibt. Ich habe mir das seit einiger Zeit angewöhnt und schreibe ihm zum Beispiel, wie ich mich fühle, was ich durch den gerade gelesenen Bibelabschnitt gelernt habe und was ich gerne noch lernen möchte. Es liegt gerade auf meinem Bett. Wenn ihr wollt, könnt ihr mal reinschauen." Und damit verließ sie das Zimmer.

Reinschauen? Natürlich wollten wir das! Das war die offizielle Einladung, in einem Tagebuch zu lesen! Aber anstelle von sich ständig wiederholenden täglichen Eintragung wie: „Heute habe ich XY gesehen!" las ich von einer realen Beziehung zwischen Gott und einer Mitstudentin. Diese Art von Gottesbeziehung wünschte ich mir auch! Also ging ich sofort in ein Schreibwarengeschäft und kaufte mir dort ein hübsches stoffgebundenes Tagebuch mit vielen leeren Seiten, die beschrieben werden wollten.

Bin ich reifer geworden?

Von nun an schrieb ich all meine Gedanken auf, die mir während meiner Stillen Zeit in den Sinn kamen, wodurch die leere Kladde zu einem Tagebuch wurde, das jede meiner Lebensentscheidungen beschreibt. In ihrem Buch *Victoria* äußert sich Katherine Calvert über den besonderen Wert solch stillen Nachdenkens: „Im Alleinsein hören wir den Klang unserer eigenen Schritte in die Zukunft."

Neulich hielt ich wieder einmal eines meiner ganz alten Tagebücher in der Hand und mein Blick fiel auf einen Eintrag kurz vor meiner Hochzeit. Meine zukünftige Schwiegermutter hatte uns damals mitgeteilt, dass sie nicht zu unserer Hochzeit kommen würde. Ich spürte, wie beim Lesen meine Traurigkeit von damals erneut in mir hochstieg. Doch durch das Niederschreiben meiner Gefühle hatte ich gelernt, ihre Absage zu akzeptieren. Und durch meine Beständigkeit im Nachdenken und Schreiben konnte ich sogar später geduldig für sie beten.

Einige Seiten weiter – kurz vor und nach unserer Hochzeit – überflog ich noch ein paar Tagebuchseiten. Hier wurde die Frau beschrieben, die ich mit Gottes Hilfe hatte werden wollen, und eine Ehe, wie ich sie mir damals vorstellte: *Hilf mir, andere gut zu verstehen. Hilf mir, ihre Nöte zu erkennen und nicht nur meine eigenen zu sehen ... Bitte, gib Bill*

und mir die Charaktereigenschaften, die wir für un-
sere Arbeit benötigen. Mach uns brauchbar ... gib
uns Ideen, wie wir dich verherrlichen können ... Lass
uns Vorbilder sein ... Je mehr ich las, umso deutlicher stellte ich fest, dass Gott meine Gebete erhört
hatte. Gott hatte mich nach und nach – jeden Tag
ein bisschen mehr – zu der Frau gemacht, die ich
hatte werden wollen.

Was soll ich schreiben?

Wenn Sie nicht genau wissen, was Sie in Ihr Tagebuch schreiben sollen, versuchen Sie doch einmal,
die folgenden Fragen zu beantworten:

▷ Was sagt der eben gelesene Bibelvers aus?
▷ Wie lässt er sich auf mein Leben anwenden?
▷ Wie kann ich ihn heute anwenden?
▷ Wer braucht diese Aussage ebenso wie ich?
▷ Wie empfinde ich das, was ich gelesen habe?
▷ Wie fühle ich mich, wenn ich über mein Leben
  nachdenke?
▷ Welche Hoffnungen und Träume habe ich?
▷ Was erwarte ich von Gott? Ist das biblisch?
▷ Was kann ich von den Menschen, die in der Bibel
  beschrieben werden, lernen?

Während einer Frauenfreizeit zum Thema: „Wie
kann ich mehr Zeit mit Gott verbringen?", bekam
ich folgende wertvolle Hinweise:

Lass deinen Geist zur Ruhe kommen. Entspanne
deinen Körper. Öffne dich für den Glauben, damit
du empfangen kannst, was Jesus dir sagen will.
Lies den Bibelabschnitt langsam und aufmerksam,
bis ein Wort oder ein besonderer Satz dich fesselt

oder dein Herz berührt. Denk über diesen Gedanken nach. Lade ihn wie einen Gast in dein Herz ein. Stelle dem Herrn alle Fragen, die dir zu diesem Satz einfallen und lausche mit deinem Herzen, was er dir dazu sagt. Schreib diese Erfahrung in deinem Tagebuch auf, verfasse ein Gedicht, male ein Bild oder komponiere ein Anbetungslied.

Ich erinnere mich noch gut daran, dass ich bei einer ähnlichen Freizeit den Mut hatte, die Fenster der Verantwortung für mein Leben zu schließen wie man die Fenster in einem Computerprogramm schließt. In dem Moment, in dem ich mit der Maus meines Lebens die verschiedenen ablenkenden Fenster schließe, spüre ich stets eine bessere Empfangsbereitschaft für das, was Gott mir sagen will. Manchmal mache ich das, wenn ich in mein Tagebuch schreibe. Sobald mir ablenkende Gedanken in den Sinn kommen, notiere ich sie. Und ich habe erfahren, dass ich vieles besser erkenne, was ich mit Jesus besprechen möchte, sobald ich meine hektischen Aktivitäten beendet habe.

Ich könnte vor Freude tanzen!

David tanzte vor Freude nach seinem Sieg. Miriam tanzte vor Freude nach der Teilung des Roten Meeres. Sie versetzte Hunderte in jubelnde Begeisterung. Auch Tanz kann zur Stillen Zeit gehören, denn beim Tanzen lassen sich unsere Gefühle vor Gott ausdrücken.

Ich selber bin mit Tanz groß geworden. Jahrelanger klassischer Ballettunterricht in rosafarbenen Strumpfhosen und schwarzem Trikot hat mich zu einer routinierten Tänzerin gemacht. Meine Eltern und Großeltern tanzten zu Hause auf unserem Linoleum-Fußboden klassische Tänze wie Walzer, Swing und Quick Stepp. Ich erinnere mich, wie ich in meinem Flanellschlafanzug vom Bett aus Papa oder Opa im schicken Anzug zum Tanzen ausgehen sah.

Es hat mir immer gut getan, wenn ich meine Gefühle habe im Tanz ausdrücken können. Doch geistliche Bedeutung hatte dies zunächst nicht. Erst als ich in der Bibel las und entdeckte, dass Gott sich den Tanz als eine Ausdrucksform des Lobpreises gedacht hatte, änderte sich das. Besonders wenn wir die Psalmen lesen, wird deutlich, dass Gott genau weiß, dass es uns Menschen nicht genügt, wenn wir seine Größe und Majestät nur mit unserem Geist preisen. Ihm ist klar, dass auch unser Körper mitschwingen möchte.

Herr, hab Erbarmen, höre mich, sei du mein Helfer, Herr! Du hast mein Klagelied in einen Freudentanz verwandelt, mir statt des Trauerkleides ein Festgewand gegeben (Psalm 30,11-12).

Rühmt ihn mit festlichem Reigentanz, singt ihm zum Takt der Tamburine, ehrt ihn mit eurem Saitenspiel! Denn der Herr ist freundlich zu seinem Volk, er erhöht die Erniedrigten durch seine Hilfe (Psalm 149,3-4).

Nachdem ich mich mit diesen Bibelstellen näher befasst hatte, belegte ich einen Tanzkurs für jüdischen Volkstanz und erfuhr auf diese Weise, wie heilig Tanzen sein kann, denn der Tanzlehrer erklärte uns die Bedeutung der Namen und der einzelnen Schritte dieser Volkstänze. Auf diese Weise wurde mir außerdem noch einmal ganz neu deutlich, welchen Plan Gott mit seinem Volk hat. In einem der Tänze war zum Beispiel ein besonderer Schritt, der das Symbol für Wasser darstellte. Unser Tanzlehrer wurde nicht müde, uns mit diesem Schritt immer wieder auf die Bedeutung des Wassers für Israel aufmerksam zu machen. Und mir fielen die Worte Jesu ein: „Ich bin das lebendige Wasser."

Während meine Füße sich zur Musik bewegten und die symbolischen Schritte für Wasser tanzten, spürte ich, dass ich dieses lebendige Wasser zum Überleben brauche. Und genauso gut brauchen alle Menschen in Israel und in der ganzen Welt Jesus, das lebendige Wasser, zum Überleben. Im Kopf war mir das seit Jahren klar, aber während dieser Tänze konnte mein ganzer Körper die Wahrheit dieses schlichten Bibelverses nachempfinden. Während meine Hände sich erhoben und im Kreis der Tänzer klatschten, beugte sich mein Herz anbetend vor dem Herrn des Universums.

Bewegen Sie sich!

Eine Alternative zum meditativen Tanz kann auch eine Art Aerobic zu christlicher Musik sein. Mit einer christlichen Aerobic-Kassette lassen sich Bewegungen einüben, die Ihren Körper in Schwung bringen, wenn Ihnen danach ist!

Vor einiger Zeit war ich Rednerin während einer Freizeit in Vancouver, bei der es nachmittags das Angebot gab, gemeinsam Aerobic zu machen. Diese Art der Aerobic war jedoch eine wunderschöne Mischung aus Lobpreismusik im Beat-Rhythmus und ruhigen, kontemplativen Bewegungen zu entsprechend ruhigerer Musik. Dabei konnte ich zeitweise einfach meine Augen schließen und dankbar nachempfinden, wie gut Gott zu mir ist. Weil ich in Tanz und Gymnastik geübt bin, stimmten meine Füße und mein ganzer Körper in die Anbetung mit ein. Anschließend in der Stretching-Phase lief dann mein Leben wie ein Film vor mir ab und ich erkannte seinen Wert. Ich betete zu Gott und sagte ihm, was mir wichtig war.

Der Psychotherapeut Earl Henslin sagt, dass der Geist nach einem intensiven Training in der anschließenden Ruhephase am klarsten denken kann. Auch ich habe die Erfahrung gemacht, dass ich am kreativsten bin, wenn ich trainiert und gebetet habe. Mir ist, als ob diese beiden Aktivitäten wie ein

Schwamm auf die Wandtafel meines Lebens einwirken, der meine übertriebene Geschäftigkeit und Unruhe hinwegwischt.

Der Teufel missbraucht gerne die guten Geschenke, die Gott seinen Kindern macht. Unsere Sexualität ist solch ein Geschenk, das durch Missbrauch verdorben wurde. Und so kann ebenfalls bestimmte Musik Menschen von Gott wegtreiben aber auch zu ihm hinführen. Ebenso wurde der Tanz oft missbraucht (wie in der Geschichte von Herodias Tochter in Markus 6,17-29). Tanzen kann Menschen verlocken und verführen. Aus diesem Grund sind die christlichen Gemeinden vor diesem Geschenk Gottes davongelaufen anstatt dem Tanz einen ehrbaren Platz einzuräumen, an dem unser Herz auf die unaussprechliche Herrlichkeit Gottes antworten darf.

Wenn wir uns Sportveranstaltungen anschauen, denken sich Tausende nichts dabei, aufzuspringen und die Arme vor Begeisterung hochzureißen. Gott ist mehr wert als jeder errungene Sieg im Sport. Unser Körper will vor Begeisterung auf die Füße springen und seinem Schöpfer zujubeln. Der Tanz ist eine von vielen Möglichkeiten, die Gott uns anbietet, damit wir ihm unsere überschäumende Dankbarkeit ausdrücken können.

Die dunkle Seite

Im letzten Teil der Trilogie *Krieg der Sterne* ist die Szene besonders bewegend, wo *Luke Skywalker* feststellt, dass sein eigener Vater zur dunklen Seite der Macht übergelaufen ist. Die Zuschauer klammern sich gespannt an ihre Kinosessel, als *Darth Vader* versucht, auch Luke auf seine Seite zu ziehen. Im realen Leben ist dieser Kampf genauso spannend. Es kann sehr schwierig sein, unsere Vergangenheit oder unsere dunklen Seiten zu überwinden. Jeder von uns kennt nur zu gut die Bereiche seines Lebens, die alles andere als in Ordnung sind. Und nur allzu oft wird uns schlagartig bewusst, wie weit wir uns von Gottes Plan für unser Leben entfernt haben.

Viel zu häufig versuchen wir, unsere Schattenseiten zu verbergen und hoffen, sie werden irgendwie und irgendwann von allein verschwinden. Aber das tun sie nicht. Wie Bakterien über vergessene Speisereste im Kühlschrank herfallen, breiten sie sich aus und verderben ein vormals schmackhaftes Gericht. Wenn Schrecken und Dunkelheit nach unserem Herzen greifen, brauchen wir eine Zeit der Stille, in der wir uns mit unseren dunklen Seiten beschäftigen und sie nach und nach überwinden.

Schritte zum Sieg

In unserer Gemeinde richtet sich die Seelsorge zum Teil nach dem Buch *Steps of Freedom in Christ* (Schritte zur Freiheit in Christus) von Neil Anderson. Jeder, der die in diesem Buch aufgezeigten sieben Schritte geht, wird seine emotionalen und geistlichen Stolpersteine erkennen. Es ist, als würden Spielkarten offen auf den Tisch gelegt werden. Im Grunde will uns Neil Anderson entdecken helfen, welche Dinge uns anspornen oder anspornen könnten, damit wir werden, wie Gott uns meint.

Wenn wir einen Sieg über unsere Schattenseiten erlangen wollen, müssen wir sorgfältig vorgehen. Stellen Sie zunächst eine Liste all Ihrer Schwächen auf und suchen Sie anschließend in der Bibel nach Versen, die genau das Gegenteil beschreiben. An ihnen können Sie sich anschließend orientieren.

Carol hat, bevor sie Christ geworden war, einige schwerwiegende Fehler als Ehefrau und Mutter gemacht, indem sie ihren Mann und ihre Kinder im Stich gelassen hat. Doch auch nachdem sie ein neues Leben mit Christus begonnen hatte, fühlte sie sich immer noch in der Entfaltung ihrer Persönlichkeit wie eingefroren. Also schrieb sie ihre Schwächen auf. Dabei stellte sich heraus, dass sie viele Bibelstellen über Gottes Gnade auswendig wusste. Doch leider halfen ihr diese in diesem Fall nicht weiter. Vielmehr musste sie sich Verse einprägen, die ihr Herz stärken und ihr Kraft für ihren persönlichen Weg geben konnten.

Auf Carols Liste standen unter anderem: Angst, ein Gefühl der Unzulänglichkeit und die tiefe Überzeugung, dumm zu sein. Außerdem fühlte sie sich bereits von den einfachsten Dingen überfordert. Neben jede ihrer Schwächen schrieb sie Charaktereigenschaften Gottes, die ihren Schwächen entgegentreten konnten. Zum Beispiel schrieb sie neben das Wort „dumm": „Christus ist allwissend." Neben das Wort „unfähig" schrieb sie „fähig". Neben unzulänglich und haltlos (sie war sehr hart zu sich selbst) schrieb sie: „Er genügt. Er ist stark und eine feste Burg." Mit einer guten Konkordanz fand sie anschließend in der Bibel einige Verse zu diesen Schlüsselwörtern heraus. Aus diesen suchte sie wiederum die zehn schönsten heraus, fügte an den entsprechenden Stellen ihren eigenen Namen ein, schrieb sie mit dem Computer in einer besonders schönen Schrift auf, druckte sie aus und rahmte sie ein.

Sheryl, die während ihrer Kindheit mit ihrem eigenen Vater keinerlei Kontakt gehabt hatte, stattdessen aber ständig wechselnde Stiefväter, die sie zudem misshandelten, wollte diesen Schattenseiten ihres Lebens ihre Macht nehmen. Deshalb suchte sie in der Bibel nach Versen, die Gott als Vater beschrieben. Nun hängen zu Hause in ihrem Flur diese Verse, die sie mit kleinen Bildern illustriert hat, damit sie sich täglich an sie erinnern kann.

Lisa hatte in ihrem Leben allzu oft Zuflucht bei wenig vertrauenswürdigen Männern gesucht, von denen sie nur ausgenutzt und verletzt worden war. Lisa schrieb Verse auf, die Gott als ihren König und Herrn beschreiben und sie als geliebte Tochter des Königs bezeichnen. Durch die intensive Beschäftigung mit diesen Versen bekam ihr Leben eine komplette Kehrtwende. Denn die Bibelverse halfen ihr, ihre traumatische Scheidung zu verarbeiten, neue Maßstäbe für Freundschaften mit Männern zu setzen, diese Maßstäbe dann auch einzuhalten und schließlich einen wunderbaren Mann zu heiraten, der ihren Glauben an Gott teilt. Außerdem war sie nun frei, sich um allein erziehende Mütter zu kümmern.

Auf ähnliche Weise können auch Sie sich Ihre eigene Versauswahl zusammenstellen, die Ihnen dabei hilft, die dunklen Seiten Ihres Lebens zu verarbeiten. Zum Beispiel fassen die Bücher „Fester als Felsen" und „Du bist bei mir"[1] Verse zu bestimmten Themen zusammen, die es Ihnen erleichtern, die von Ihnen gesuchten Verse zu finden. Außerdem kann auch eine gute Konkordanz recht hilfreich sein, wenn man Bibelverse zu bestimmten Problemen sucht. Wenn ich während meiner täglichen Bibellese Verse zu den Schattenseiten meines Lebens finde, schreibe ich sie auf kleine Merkzettel, die ich dann mit einem Magnet an meinen Kühlschrank oder an die Pinnwand neben meinem Schreibtisch hefte. Manchmal schreibe ich sie auch auf Leuchtpapier und klebe sie an meinen Spiegel im Badezimmer, oder, wenn sie mir besonders wichtig sind, rahme ich sie ein. Auf diese Weise habe ich immer dann, wenn mir meine Schwächen besonders zu schaffen machen, ein Mittel zur Hand, gegen sie anzugehen. Nachdem ich bereits eine ganze Weile immer wieder Verse für meine schwierigen Lebenssituationen herausgesucht hatte, habe ich festgestellt, dass die dunklen Tage, die mich niederdrücken und mir das Leben wie ein Berg erscheinen lassen, immer seltener werden.

Wie gehe ich mit Schuldgefühlen um?

Wenn Sie Ihre Sünden bekannt und versucht haben, mit den nagenden dunklen Seiten Ihres Lebens fertig zu werden, aber in Ihrem Innern immer noch ein Skelett mit seinen Ketten rasselt und Ihnen

Schuldgefühle macht, dann versuchen Sie doch mal, es mit der folgenden Übung zu vertreiben:

Schreiben sie die an Ihnen nagende Schuld auf und anschließend schreiben Sie den folgenden Vers aus 1. Johannes 1,9 dick und fett darüber: „Wenn wir aber unsere Sünden bekennen, so ist er treu und gerecht, dass er uns die Sünden vergibt und reinigt uns von aller Ungerechtigkeit." Auf diese Weise bekommen Sie eine Vorstellung davon, wie Gott unsere Sünden auslöscht. Anschließend werden Sie wahrscheinlich die belastende Liste sicher vernichten wollen – ein Kaminfeuer eignet sich besonders dazu. Es ist wirklich spürbar erleichternd, wenn man zuschauen darf, wie unsere hässlichen Gedanken und selbstsüchtigen Handlungen durch Gottes machtvolle Liebe ganz natürlich verbrannt werden.

Haben auch Sie genug davon, in bedrückender Dunkelheit zu leben? Dann lassen Sie heute Gottes Licht in die finsteren Ecken Ihres Herzens scheinen, damit Sie frei werden!

Bauen Sie ein Vermächtnis auf

Während meiner Highschool-Zeit war ich Mitglied in einem Staffellauf-Team. Während der Wettkämpfe trieb mich immer eine unglaubliche Hochstimmung voran, sobald ich den Stab in meiner Hand hielt. In solchen Momenten begeisterte mich stets die Verantwortung für meine Mannschaft und ich flog über die Rennbahn, um dem nächsten Läufer unseres Teams den Stab zu reichen. Die Wettkampfform des Staffellaufes gab uns vier Läuferinnen die Möglichkeit, mehr zu erreichen, als jede Einzelne für sich je hätte erreichen können.

So ist es auch mit der Zeit, die wir mit Gott verbringen. Sie ist nicht nur für unser eigenes Wachstum und unseren eigenen Seelenfrieden gedacht, denn unser Kontakt mit Gott ist wie ein Staffellauf, der von Zeit zu Zeit ein Vermächtnis weiterreicht.

Machen Sie aus Ihrem Glauben ein Geschenk

Kaufen Sie sich doch einmal eine neue Bibel, die Sie dann durcharbeiten, um sie später einmal einem Teenager oder jungen Erwachsenen zu schenken.

Unterstreichen Sie die Verse, von denen Sie meinen, dass sie Ihre Söhne oder Töchter, Patenkinder, Nichten und Neffen oder Enkelkinder stärken werden. Machen Sie auch ruhig Notizen an den Rand der Bibelseiten.

Erinnern Sie sich noch an die Verse, die Ihnen dabei geholfen haben, Ihren Beruf oder Ihren Ehepartner zu wählen oder die Sie vielleicht während einer anderen wichtigen Lebensentscheidung begleitet haben? Ich mache mir gerne Notizen zu solchen Versen, um damit bei Gelegenheit zu einem Gespräch anregen zu können. Für meine Söhne habe ich einige meiner Lieblingsverse markiert und dann Folgendes an den Rand geschrieben: „Dieser Vers hat mich ermutigt, euren Vater zu heiraten. Ihr könnt mich darauf ansprechen. Damals ging ich durch eine schwierige Zeit. Der Vers hat mich durch sie durchgetragen. Willst du wissen, warum?" Auch die Lieblingsverse meines Mannes habe ich unterstrichen und dazu einige Verse, die andere Erwachsene, die meine Söhne kennen und schätzen, zu bestimmten Dingen inspiriert haben. Außerdem habe ich die Verse unterstrichen, die unsere Aufgaben als Familie ansprechen. Dadurch konnten unsere Söhne ein Gespür dafür entwickeln, welche Erwartungen Gott an uns Eltern und Kinder stellt.

Eine Geschenkbibel, die Sie auf diese Weise selbst gestaltet haben, ist für Ihren Sohn oder Ihre Tochter eine gute Möglichkeit, selber die Bibel zu lesen. Um Ihre Kinder noch besser dabei anzuleiten, können Sie hin und wieder einige Aufgaben an den Seitenrand schreiben. Zum Beispiel habe ich meinem Sohn Brock empfohlen, zu jedem Psalm eine Überschrift zu finden. Ich habe ihn gebeten, eine Charakterisierung von Daniel zu machen und ihm vorgeschlagen, beim Lesen des Buches Daniel

dessen positive Charaktereigenschaften zu unterstreichen.

Ich selbst habe als Beispiel, an dem er sich orientieren kann, jedem Kapitel vom Buch Ruth eine
Überschrift gegeben:

Kapitel 1: Eine exzellente Erklärung (Finde die
wichtigsten Verse aus diesem Kapitel heraus und
unterstreiche sie bitte, Brock!)

Kapitel 2: Eine exzellente Frau (Markiere jede
Stelle, aus der hervorgeht, warum Ruth eine so
großartige Frau war.)

Kapitel 3: Ein exzellenter Plan (Brock, lies bitte
in einem Bibellexikon oder -kommentar nach, wie
damals die isrealische Kultur war. Verstehst du vor
diesem Hintergrund, warum Naomis Plan, Ruth zu
Boas auf die Tenne zu schicken, gut war?)

Kapitel 4: Ein exzellenter Mann (Was tut Boas?
Und wieso zeichnet ihn das, was er tut, als einen
guten, vertrauenswürdigen Mann aus, der bereit
ist, die Verantwortung für eine Ehe zu übernehmen?)

An den Schluss des Kapitels schrieb ich: Ein ex-
zellentes Ende (Was lernst du daraus für dich
selbst?)

Für jeden Sohn habe ich auf die erste Seite seiner
Bibel Zitate unter verschiedenen Rubriken aufge-
führt: *Mommilies*, für meine Lieblingsverse; *Papas
Zitate* für Bills Spezialverse; *Worte bekannter Men-
schen* für Zitate großer Männer und Frauen über die
Bedeutung der Bibel in ihrem Alltag.

In Brocks Bibel schrieb ich eine Widmung und
eine Begebenheit aus dem Leben von Anne Graham
Lotz, einer Tochter von Billy Graham. Als junges
Mädchen hatte Anne eine Zeit lang ziemliche
Schwierigkeiten mit dem Glauben gehabt und dies
ihrem Jugendleiter gesagt. Der sagte daraufhin

zu ihr: „Bisher hast du Gott wie durch Prismen angeschaut, durch das Prisma deiner Mutter, deines Vaters und durch die Erwartungen deiner Gemeinde, die dein Bild von Gott in verschiedenen Farben schillern ließen. Lass das alles hinter dir und schau dir Gott mit deinen eigenen Augen an. Geh deinen eigenen Weg mit ihm."

In Zacharys Bibel habe ich erst kürzlich geschrieben: „Vertraue deinen Fähigkeiten! Setze Gott an die erste Stelle! Halte Wort! Sei mutig! Entscheide dich!" Zu jeder dieser Überschriften habe ich dann ein paar passende Bibelverse herausgeschrieben, die ich besonders hilfreich fand.

Machen Sie aus der Übergabe der Bibel ein Fest

Der Empfang seiner von Ihnen so liebevoll präparierten Bibel sollte ein Ereignis sein, an das sich Ihr Kind noch lange gern erinnert. Sie könnten es zum Beispiel in eine Kirche oder einen anderen Ort einladen, wo Sie für Ihr Leben eine besondere Entscheidung getroffen haben. Sie können das Geschenk auch an einem bestimmten Geburtstag oder zu einem besonderen Anlass wie zum Beispiel der Konfirmation überreichen oder aber in Verbindung mit einem anderen Geschenk, das eine besondere Symbolkraft für das Leben Ihres Kindes hat, wie zum Beispiel einen Ring.

Meiner Ansicht nach eignet sich eine so besondere Bibel besonders für Jugendliche, die mündig werden oder von zu Hause fortziehen. Jeder, der sich in dieser Phase des Lebens befindet, möchte dann auch gerne selbständig sein. Mit einer solchen Bibel als Symbol besteht dann die Möglichkeit,

Ihrem Kind zu sagen: „Jetzt bist du erwachsen. Alle meine Ratschläge und, was noch viel wichtiger ist, Gottes Ratschläge sind hierin enthalten. Ich wünsche mir, dass du nun selbständig diese Bibel benutzt und nach Gottes Willen leben wirst."

Auch ich selber hatte einen großen Gewinn davon, dass ich dreimal in meinem Leben eine Bibel auf diese Weise präparierte (für jeden Sohn eine), denn dadurch wurde mir das Wort Gottes immer wertvoller. Ich lernte die Zeit, die ich so mit dem Wort Gottes verbrachte, besonders deshalb zu schätzen, weil nicht nur ich selbst dadurch reifer wurde, sondern gleichzeitig ein Vermächtnis für meine Kinder schuf.

Eine angemessene Haltung

Der Autor und Verleger John Duckworth suchte nach einem Weg, wie er mit Gott in Verbindung bleiben konnte, um dadurch die Spannung von einem Leben mit Gott in einer von Konkurrenzdenken geprägten Welt besser aushalten zu können.

„Ich saß auf der Couch und neigte mein Haupt. Aber irgendwie konnte ich so nicht beten. *Meine Haltung ist nicht in Ordnung*, dachte ich. Ich hatte höher von mir gedacht als es der Tatsache entsprach. Ich musste mich unter diese Tatsache beugen, also kniete ich nieder. Als ich mich so auf dem Boden befand, konnte ich mich nicht daran erinnern, wann ich das letzte Mal gekniet hatte. Doch auch das half nichts. Ich hatte den Eindruck, noch weiter hinunter zu müssen. Die einzige Position, die mir noch einfiel, war die eines Moslem, der mit dem Gesicht auf der Erde gen Mekka betet. *Zu fremd*, dachte ich. So hatte ich noch nie gebetet. Und das konnte und wollte ich auch nicht.

Aber wenige Minuten später lag ich auf dem Boden. Meine Stirn berührte den Teppich. Diese Position war gut. Leise begann ich zu beten und hielt gleich wieder inne. Offensichtlich sollte ich nicht reden, sondern zuhören. Ich wartete lange, dann fiel mir auf einmal ein Vers ein, den ich seit

Jahren kannte. „Seid stille und erkennet, dass ich Gott bin!" (Psalm 46,11 *Luther*). Ich wollte stille sein und Gott erkennen.

Ich wollte Gott so gern erkennen, dass ich am nächsten Morgen eine halbe Stunde früher aufstand und mich wieder auf dem Fußboden ausstreckte. Diese Prozedur wiederholte ich am nächsten Morgen und am übernächsten. Zunächst hatte ich nicht einmal eine Bibel dabei, sondern ich konzentrierte mich und dachte nur über diesen einen Vers nach. Aber schon bald darauf wollte ich Gott, der so hoch über mir war, anbeten. Ich wollte ihm danken oder über ein geistliches Lied eingehend nachdenken. Doch die meiste Zeit war ich still. Auf diese Weise verbrachte ich ein Jahr lang meine Morgenandachten und wichtig dabei war, dass es nicht mein Verdienst war, sondern Gottes. Ich überließ mich ihm ganz und vergaß alles, was ich zuvor über die Art und Weise einer Morgenandacht gelernt hatte. Es war das Einfachste, was ich je gemacht habe."[2]

Beten Sie in einer neuen Haltung

Wer in einer neuen Haltung betet, die ihm nicht vertraut ist, ändert damit nicht nur seine Körperhaltung, sondern oft auch sein Herz.

Mir hilft es zum Beispiel, dass ich meine Hände wie ein olympischer Gewichtheber nach oben strecke, wenn ich mich so richtig aufgeregt habe. Ich bete dann: „Hier ist die Last. Ich kann sie nicht länger tragen! Sie ist jetzt deine Sache."

Wenn eine meiner Freundinnen spürt, dass ihr Gebet nur noch aus lauter Heulerei besteht, streckt sie ihre Hand wie eine Verkehrspolizistin aus, die einen Verkehrsstrom von wütend hupenden Autos anhält und sagt zu sich selbst: „Halt! Hier geht's lang!"

Richard Foster geht in die Einsamkeit und hebt und senkt dort beim Beten seine Hände. Er hält seine geöffneten Hände nach unten zum Zeichen, dass er Gott seine Last abgibt. Dann hebt er seine offenen Hände gen Himmel und zeigt damit seine Bereitschaft, von Gott etwas zu empfangen.[3]

Mein Mann und ich waren bereits seit einigen Jahren für eine Pfarrstelle verantwortlich, als ich eines Abends eine Kassette mit einer Predigt anhörte, die mich sehr bewegte. In ihr berichtete der Pastor, dass er vor einiger Zeit völlig erschöpft gewesen war und in diesem Zustand mit Gott über seine wachsende Enttäuschung bezüglich seiner Gemeinde gesprochen hatte. Je länger er jedoch auf diese Weise mit Gott geredet hatte, umso mehr hatte er den Eindruck bekommen, dass Gott ihm sagen wollte, er sei zu stolz. Also hatte er sich zu Boden fallen lassen und Gott angefleht, er möge ihn und seine Gemeinde verändern. Als ich das gehört hatte, spürte ich auf einmal die Freiheit, ich selbst sein zu können. Ich hatte endlich erkannt, dass ich mich schon lange Zeit ganz ähnlich gefühlt hatte und mich am liebsten vor Gott auf dem Boden ausgestreckt hätte, um mir einiges von der Seele zu weinen. Als mir deutlich wurde, dass da jemand, den ich sehr schätzte, verzweifelt unter seinem Küchentisch auf dem Boden gelegen hatte, erlaubte ich auch mir, meinen Gefühlen im Gebet mehr freien Lauf zu lassen.

Wenn mich damals jemand mit der Kamera gefilmt hätte, während ich anschließend betete, könnte man heute noch sehen, wie erregt ich war, denn nun redete ich mit Gott mit meinem ganzen

Sein. Ich bewege mich nun beim Beten, gehe im Zimmer herum, knie mich hin und lege mich mit dem Gesicht nach unten auf den Boden. Manchmal werfe ich mich auch auf mein Bett und schütte Gott mein Herz aus. Ich habe festgestellt: je wichtiger mir ein Anliegen ist, umso erregter werde ich oder umso tiefer beuge ich mich vor seinem Thron. Für mich ist die Bewegung eine handfeste Möglichkeit, meinem Herzen klar zu machen, dass es seine Sorgen loslassen und ruhig werden muss.

Schon der Psalmist ruft die Menschen immer wieder dazu auf, sich zu beugen und vor dem Herrn niederzuknien (Psalm 95,6) und vor dem Herrn zu wandeln (Psalm 116,9 *Luther*). Die Veränderung unserer Körperhaltung bringt geistliche Erneuerung.

Denken Sie
an etwas Schönes

Es gibt Tage, die sind wie ein Abgrund! Schlechte Nachrichten überfluten uns. Ängste überfallen uns. Enttäuschungen lähmen uns. Wer oder was kann uns aus einem solchen Negativsog reißen?

In Philipper 4,8 heißt es: „Im übrigen, meine Brüder und Schwestern: Richtet eure Gedanken auf das, was schon bei euren Mitmenschen als rechtschaffen, ehrbar und gerecht gilt, was rein, liebenswert und ansprechend ist, auf alles, was Tugend heißt und Lob verdient!" Wenn Sie niedergeschlagen sind, so denken Sie doch einmal in Ihrer Stillen Zeit über etwas Schönes nach: vielleicht über eine Rose, eine Ballettaufführung oder ein Kunstwerk. Denken Sie an etwas, das Lob verdient: an einen Sieg im Sport, an eine gute Klassenarbeit, an eine bestandene Abschlussprüfung oder an eine Beförderung. Machen Sie sich eine Liste mit Begebenheiten und Dingen, an die Sie sich gern erinnern oder denken, damit Sie Ihre Gedanken in eine andere Richtung leiten können, wenn Sie niedergeschlagen sind oder von hässlichen, unreinen und unfreundlichen Gedanken geplagt werden. Hängen Sie diese Liste dort auf, wo Sie am meisten nörgelig sind: im Auto, über dem

Spülbecken, der Spülmaschine oder der Waschmaschine.

Sie können die Sache auch noch weiter treiben und ein Fotoalbum zu Philipper 4,8 anfertigen. Stecken Sie persönliche Fotos von Menschen, Orten und Gegenständen, die Sie sehr mögen, in ein Album und schreiben Sie dann mit Farbstiften Ihre besonderen Lieblingsverse zu diesen Fotografien. Das Album wird Ihnen Mut machen, wenn Sie mutlos und deprimiert sind.

Die Zeit der Stille kann auch Menschen helfen, die mit schlechten Angewohnheiten zu kämpfen haben. Zum Beispiel half einer Freundin eine Liste mit positiven Sätzen, mit einer kauzigen Angewohnheit fertig zu werden. Einigen Mitgliedern unserer Gemeinde hat die Beschäftigung mit positiven Dingen in der Stille sogar dabei geholfen, eine Sucht oder schlechte Angewohnheit zu überwinden. Sie haben für sich selbst eine Liste mit positiven Beschäftigungen aufgestellt, die ihnen nun dabei helfen, ihr Geld nicht mehr für unnütze Dinge aus dem Fenster zu werfen, zu trinken, herumzugammeln oder Drogen zu nehmen.

Eine solche Beschäftigung kann auch Menschen in Beziehungskrisen helfen. Eine frisch geschiedene Frau schrieb sich beispielsweise Adressen von zuverlässigen Menschen auf, zu denen sie gehen konnte, anstatt sich in Bars zu flüchten, sobald sie sich einsam fühlte. Sie richtete sich zusätzlich einen Ordner für Prospekte von Städten und Ländern ein, die sie irgendwann einmal bereisen wollte. Sie überlegte sich, was ihr in ihrer neuen Lebenssituation Freude bereiten könnte. Obwohl die Affäre ihres Mannes sie unglaublich erschüttert und verletzt hatte und sich eine Scheidung nicht vermeiden ließ, half diese Liste ihr und ihren Kindern, weil sie für alle ein Ansporn zu neuen positiven Gedanken und Erfahrungen war.

Kurz nach meiner Bekehrung zu Jesus Christus wurde mir empfohlen: „Such dir einen Platz, wo du täglich Gott begegnen kannst." Seitdem versuche ich, mir jeden Tag eine kleine Oase zu schaffen, wo ich vor Gott mein Herz ausschütte. Meine Vorfreude auf dieses gemütliche Plätzchen motiviert mich, Gott zu begegnen. Das kann ein Schaukelstuhl sein, ein Platz am Fenster, ein bequemer Sessel oder ein anderes behagliches Fleckchen, wo man nach Philipper 4,8 auch mit seiner Haltung sein Verhalten ändern kann.

Finden Sie nun selbst heraus, wie allein schon die Gedanken an schöne Dinge Sie aufheitern und wieder fröhlich machen können.

Er geht mit mir und er spricht mit mir

Als mein Vater gestorben war, konnte ich seinen Tod auch nach einer angemessenen Trauerzeit nicht verwinden. Meine Freundin Gail merkte das und brachte mir von meiner Frauengruppe aus der Gemeinde ein Geschenk. Es war ein kleiner Rosenstock. Während ich die Rose pflanzte, sie beschnitt und immer wenn ich für sie sorgte, sprach ich mit Gott über meinen Kummer. Diese Art, mit meiner Traurigkeit umzugehen, führte schließlich zu einem positiven Ergebnis – einem lebendigen, wachsenden, blühenden und wunderschönen Ergebnis. Der Tod meines Vaters erschien mir nach einiger Zeit der Pflege meines Rosenstocks nicht mehr unsinnig, sondern vielmehr sinnvoll, weil durch ihn eine kleine Ecke in dieser Welt schöner geworden war. Zudem erinnerte die Rose an ein gelebtes Leben.

Denken Sie von Zeit zu Zeit über bedeutende Ereignisse nach

Es gibt Zeiten in unserem Leben, da scheint das Bibelstudium während der Stillen Zeit nicht so sehr viel herzugeben. Solche Phasen können Sie dazu nutzen, über für Sie besonders bedeutsame und einmalige Ereignisse Ihres bisherigen Lebens nachzudenken. Im Folgenden erwähne ich einige Beispiele aus meiner Vergangenheit, die mich immer mal wieder zum Nachdenken anregen:

▷ Bill und ich verlobten uns, während wir betend am Strand standen und zusahen, wie die Wellen gegen die Felsen schlugen und unsere Füße umspülten.

▷ An unserem Hochzeitstag kam ganz früh am Morgen meine Freundin, um mich zu einem Spaziergang im Park abzuholen. Wir nutzten diese Zeit, um gemeinsam zu beten.

▷ Als Bill und ich über unsere Zukunft nachdachten und wir uns fragten, ob Gott uns aus der Jugendarbeit heraus und in die Erwachsenenarbeit hineinberufen wollte, setzten wir uns an einen herrlichen See und sangen Loblieder. Anschließend beteten wir für unsere Entscheidung.

▷ Fast jedes Jahr wandern wir als Familie in die Berge zu einer kleinen Kapelle, wo jeder von uns seine Bitten für das neue Jahr am Fuß eines grob behauenen Kreuzes niederlegt.

▷ Ein Sonnenaufgang in einem Boot auf dem Kilaea-Fluss in Hawaii erinnert mich für immer an den Augenblick, wo Bill und ich unser Eheversprechen vor Gott neu gelobten.

Es gibt Tage, die scheinen es einfach zu verlangen, dass wir innehalten, den normalen Trott unseres Alltags unterbrechen und ganz bewusst in die Natur gehen. Hier können wir mit unserem Schöpfer in Verbindung treten. Natürlich kann man auch zu Hause im Esszimmer beten. Und doch, wenn gewichtige Gebete in einer stimmungsvollen

Umgebung gesprochen werden, prägen sie sich besonders in unser Herz und unseren Sinn. Schauen Sie in Ihren Kalender für das nächste Jahr! Steht bei Ihnen ein Ereignis an, das Sie in der Natur erleben können und das auf diese Weise Ihre Beziehung zu Gott stärken wird?

Nehmen Sie mit Ihrem Schöpfer bewusst Kontakt auf

Sie sollten sich ein Hobby suchen, das Sie aus der Stadt hinaus in die Natur führt, wo Sie Ihre Schritte verlangsamen lassen und sich an Gottes herrlicher Schöpfung erfreuen können. Eine Rucksackwanderung, Klettern, Rudern, Segeln und Vögel beobachten sind nur einige von vielen Möglichkeiten, die Natur neu für sich zu entdecken.

In den Psalmen wird von Davids Begegnung mit seinem Schöpfer in der Natur berichtet, so zum Beispiel in Psalm 19,1: „Die Himmel erzählen die Ehre Gottes, und die Feste verkündigt seiner Hände Werk." Es gibt Tage, da sehne ich mich nach einer unvergesslichen Begegnung mit dem Herrn der Welt in seiner Schöpfung. Dann treibt es mich regelrecht hinaus an die frische Luft, wo ich tief durchatmen kann.

Besonders in der Zeit nach dem Tod meines Vaters spürte ich ganz massiv, wie die zunehmenden Belastungen des Alltags mich regelrecht zu erdrücken drohten: Termine über Termine, gesundheitliche Probleme, Sorgen und die zunehmende Verantwortung als Nachlassverwalterin meines Vaters, ungerechtfertigte Kritik in unserer Gemeinde, schier unermessliche Probleme, die nach einer Lösung schrien und dazu die tägliche Herausforderung der Gemeindeführung, meine eigenen Ämter und nicht zuletzt meine Familie. Irgendwann saß ich dann schluchzend im Sprechzimmer meines Arztes. Ich wollte nur noch eines: Davonlaufen! Hinaus ans Meer und mit Gott allein sein! Ich wusste, ich würde wieder zurechtkommen, wenn ich nur ans Meer durfte und mich von Gottes Liebe überfluten lassen konnte, wie die Wellen den Strand überfluten. Also fuhr ich ans Meer, las in der Bibel, betete viel, schrieb Tagebuch, ging spazieren und lauschte – bis wieder Friede in mir einkehrte.

Dr. Richard Swensen sagt in dem Zusammenhang: „Durch unsere Hetze erstarren unsere Beziehungen zu Tode."[4] Wenn Sie sich von Ihrem Alltag gehetzt fühlen, dann machen Sie einen Spaziergang und danken Sie Gott einfach für alles, was Sie dabei entdecken und was Ihnen in seiner Schöpfung gefällt. Oder legen Sie sich in eine Gänseblümchenwiese oder auf eine Alm und halten Stille Zeit. Lesen Sie 1. Mose 1 oder Jesaja 40 auf einem Berggipfel oder an einer Küste des Ozeans. Machen Sie Fotos von Landschaften, Sonnenuntergängen, Blumen und dem Meer. Suchen Sie dann anschließend Verse aus der Bibel, die die Aussage der Fotos unterstreichen und machen Sie dann eine Collage daraus.

Die Natur kann zu einem Teil Ihrer täglichen Stillen Zeit werden. Richten Sie sich dazu in Ihrem Garten ein stilles Plätzchen ein, wo Sie sich zum Lesen und Beten zurückziehen können. Versuchen Sie es mit einer Gartenlaube, einer Terrasse, einem Wintergarten, einer Veranda, einer Hängematte oder Schaukel und verwandeln Sie diese Orte in einen Treffpunkt mit Gott.

Körbe für die Stille Zeit

Ich mag Körbe. Kleine Körbe, große Körbe, Weiden-
körbe und Spankörbe, ovale Körbe oder herzförmige
Körbe – ich mag einfach alle Arten von Körben! Ich
besitze ganz schlichte Körbe und andere, die mit
Schleifen und Bändern geschmückt sind. Viele dieser Körbe verwende ich außerdem als Kraftquellen
für die Stille Zeit. So kann ich meine Zeit mit Gott
besser nutzen.

Eine Weile, nachdem ich damit angefangen
hatte, Stille-Zeit-Körbe einzurichten, stellte ich
fest, dass ich mehr Zeit mit Gott verbringe. Mittlerweile habe ich in fast allen Zimmern unseres Hau-
ses und sogar im Auto einen Stille-Zeit-Korb stehen.
Sie helfen mir dabei, zu jeder Zeit mit Gott Kontakt
aufzunehmen, ganz gleich wo ich gerade etwas zu
tun habe.

In jedem Korb habe ich einfache Andachtsbüch-
lein wie die *Losungen* oder eine Bibellese wie *Termine mit Gott* oder eine speziell mit Erklärungen
versehene Bibel wie *Die Begegnung*. Am liebsten
lese ich jedoch ein klassisches Andachtsbuch wie
Alle meine Quellen sind in dir oder *Mein Äußerstes
für Sein Höchstes* und dazu immer wieder eine
christliche Zeitschrift wie *Neues Leben* oder *Lydia*.

Wenn ich während des Tages von Zeit zu Zeit
immer wieder auf einen meiner Körbe stoße, halte

ich gerne bei meiner Arbeit inne und gönne mir beim Zimmeraufräumen oder Saubermachen eine Minute mit Gott. Den Andachtskorb im Esszimmer rüstete ich besonders mit einer Ausgabe der *Losungen*, einem Stift und meiner Studienbibel aus, weil ich in diesem Raum meistens meine Stille Zeit verbringe.

Taschen verwende ich übrigens zu einem ganz ähnlichen Zweck. An Tagen, an denen ich es eilig habe, greife ich nach zwei oder drei dieser Stofftaschen, die mit anregendem Lesestoff, Berichten von bekannten Predigern und Zeitschriften gefüllt sind. Ich nehme sie stets mit auf Reisen, zum Sport und überall dorthin, wo ich vielleicht warten muss. Ich habe außerdem verschiedene lose Teile der Bibel in diesen Taschen, sodass ich, wenn ich zum Beispiel in einem Stau stehe, mit Gott reden kann.

Die kleinen handlichen Gideon-Bibeln in Handtaschen, Aktentaschen und Handschuhfächern helfen vielen Menschen, in einer Pause mit Gott Kontakt aufzunehmen. Es gibt keinen Ort, an den man solchen Lesestoff nicht mitnehmen kann. Ich habe derartige Lektüre bereits in Werkzeugkisten, Handwerker- und Pilotenkoffern gesehen.

Wie man seine Stille Zeit während des geschäftigen Alltags organisiert, sollte man natürlich im Voraus planen. Schließlich fordert uns die Bibel dazu auf, Gottes Wort in unseren Herzen zu bewahren. Aber ich habe festgestellt, das Bewahren im Herzen gelingt mir am besten, wenn ich Gottes Wort zunächst in allen Zeitlücken und Ecken meines Alltags aufbewahre.

Ein Lied in meinem Herzen

Teresa kam von einem Besuch bei ihrer Mutter im Krankenhaus heim. Sie machte sich Sorgen um sie. Ihr Herz war schwer und sie klagte Gott ihren Kummer. Während sie so betete, fiel ihr eine Melodie ein, die sie mit ihren Gefühlen zu einem Lied verwob:

Du bist der Fels des Heils.
Du bist die Kraft meines Lebens.
Du bist meine Hoffnung, mein Licht,
Herr, zu dir rufe ich.

Ich glaube an dich, glaube an dich
und an deine treue Liebe zu mir.
Du warst meine Hilfe in der Not.
Herr ich hänge an dir.[5]

Ich habe viele Freunde, die Lieder schreiben. Je mehr ich über sie und ihr Leben erfahre, desto deutlicher wird mir, dass sie in erster Linie Gott loben. Jeder von ihnen hat sich dazu entschieden, zu singen, wenn sie traurig sind und zu singen, wenn sie glücklich sind.

Singt dem Herrn ein neues Lied

Mir tut es immer wieder gut, mich durch mein abgenutzes rotes Gesangbuch zu singen. Die Choräle haben für mich einen tiefen Sinn und bereichern mein Leben. Wenn ich sie singe, schwingen in mir die vertrauten Klänge meiner Kinder- und Jugendzeit erneut mit und ich fühle mich geborgen. Auch der Gedanke, dass Christen in aller Welt bereits seit Jahrhunderten einige von diesen Liedern mit den gleichen Worten gesungen haben, gibt mir ein Gefühl der Gemeinschaft.

Genauso belebend sind für mich Lobpreislieder. Oft haben ihre Texte ihren Ursprung direkt in der Bibel, manchmal sogar wortwörtlich. Ihr besonderer Vorteil ist, dass sie sehr leicht zu behalten sind. Und ein Nebeneffekt ist, dass ich gleichzeitig auch ein Stück aus der Bibel auswendig lerne.

Leider hat die Musik immer wieder viele Auseinandersetzungen in unseren Gemeinden hervorgerufen. Heute wie damals, als David vor Saul auf der Harfe spielte, ist die Musik ein kraftvolles Mittel, den Geist zu besänftigen und die Herzen zu verändern. Wie wäre es mit den folgenden Ideen für eine Stille Zeit mit Musik?

▷ Betrachten Sie den Text eines Liedes von einem christlichen Interpreten, das sie normalerweise nicht sehr häufig anhören. Was mag sich der Dichter dieses Liedes gedacht haben oder was ist in seinem Leben wohl passiert, als er diesen Text schrieb?

▷ Kaufen Sie sich ein Gesangbuch und versuchen Sie, die Choräle zu singen, die Sie kennen. Dann überlegen Sie sich, welche Ihnen am besten gefallen, welche Sie gern zu Ihrer Hochzeit, Ihrer

Taufe, Ihrer Beerdigung oder anderen Anlässen gesungen haben möchten. Machen Sie eine Liste, die Sie in Ihre Bibel oder einen anderen sicheren Ort legen.

▷ Viele geistliche Lieder beruhen auf Bibeltexten. Mir macht es Freude, ein Lied auf eine Bibelstelle oder biblische Geschichte zurückzuführen, die Ausgangspunkt für dieses Lied gewesen ist. Ich stelle gern den Zusammenhang her und denke über die Geschichten nach, die den Autor zu diesen Worten bewogen haben mögen.

▷ Singen Sie Loblieder bis Sie sie auswendig kennen, besonders solche, die Bibelverse enthalten. Weil ich nicht sehr musikalisch bin, singe ich gern zu einer CD, zum Beispiel zu speziellen Lobpreis-CDs.

▷ Versuchen Sie doch einmal, Ihren Lieblings-Bibelspruch mit einer Ihnen vertrauten Melodie zu unterlegen. Auf diese Weise sind einige unserer besten Choräle entstanden. Häufig wurden tiefgründige geistliche Worte von Schlagermelodien begleitet, weil sie den Menschen vertraut waren. Ich lernte zum Beispiel den Vers in Philipper 4,8 zu der Melodie des Liedes *These Are a Few of My Favorite Things* aus dem Musical *The Sound of Music*.

▷ Legen Sie eine Platte mit Instrumentalmusik auf und trinken Sie, während Sie zuhören, eine Tasse Kaffee oder Tee. Oder gehen Sie (mit Ihrem Walkman) spazieren und denken Sie dabei über Gottes Güte in Ihrem Leben nach.

▷ Versuchen Sie, ein Gedicht oder eine Geschichte zu schreiben, die sich vertonen lässt. Vielleicht stehen Sie an einem Wendepunkt in Ihrem Glauben. Sie möchten mehr Klarheit gewinnen oder Gott hat endlich Ihr Herz verändert. Nutzen Sie alle Ihnen nur möglichen Formen der Kunst wie Fotografie, Film und Musik und schaffen Sie so einen Augenblick der Inspiration, an den Sie sich gerne erinnern.

Die Stille Zeit, die mit Musik untermalt wird, kann Ihnen dabei helfen, dass Sie sich bei Gott geborgen fühlen.

Von Herz zu Herz mit Gott reden

Freudig sah ich unserem Umzug nach San Diego entgegen. Ich war mir sicher, dass Bill und mich dort viele neue Möglichkeiten und Herausforderungen erwarteten, die uns begeistern würden.

Bill war damals 28 und hatte bereits einige Berufserfahrung als Hauptpastor gemacht. Als wir umzogen, verließen wir eine lebendige und beständig wachsende Großgemeinde, wohingegen uns in San Diego eine kleine Gemeinde erwartete, die gerade dabei war, wieder auf die Füße zu kommen. Wir verließen ein Haus mit drei Schlafzimmern und zwei Bädern, das wir eigens für unsere Bedürfnisse völlig umgemodelt und renoviert hatten, wohingegen wir uns in San Diego nur ein briefmarkengroßes Apartment leisten konnten. Durch diese starken Kontraste war ich nach einiger Zeit dann derart deprimiert, dass ich an der neuen Situation überhaupt nichts Gutes mehr entdecken konnte.

Eines Tages war ich gerade dabei, in unserem Schlafzimmerschrank, der mit Kisten und Kästen zum Bersten vollgestopft war, nach einem bestimmten Karton zu suchen, als mir der ganze Segen mit einem Mal scheppernd entgegenfiel. Das war zu viel des Guten und so setzte ich mich völlig entnervt auf einen Berg mit dreckiger Wäsche und fing laut an zu heulen. Mein Ältester, zu diesem Zeitpunkt vier Jahre jung, kam daraufhin angelaufen und fragte bestürzt: „Mami, was ist denn passiert?"

„Ich weiß es nicht!", schluchzte ich jämmerlich.

Nachdem auch mein jüngster Sohn auf allen Vieren den Weg zu mir gefunden hatte, saß ich erst einmal eine ganze Weile oben auf meinem Wäscheberg mit meinen beiden kleinen Söhnen im Arm und schaukelte sie in den Schlaf. Als ich mich dann schließlich beruhigt hatte, legte ich Zach in seine Wiege und Brock in sein Bettchen und setzte mich an unseren Küchentisch.

Anschließend tat ich das, was jede halbwegs gesunde Frau tut: Ich nahm den Telefonhörer und rief eine Freundin an. Mehr als eine Stunde lang jammerte und klagte ich über die weite Entfernung hinweg über meine erbärmliche Situation. Nachdem ich damit fertig zu sein schien, sagte Mary das, was einem nur die beste Freundin sagen kann: „Pam, welchen Charakterzug, welche Eigenschaften Gottes hast du in den letzten Wochen vergessen?"

„Im Grunde alle!", antwortete ich.

Daraufhin hängte ich ein und ging zurück an meinen Küchentisch. Dort kramte ich meine Bibel hervor und blätterte sie durch. Bei jedem Vers, den ich unterstrichen, mit einem Sternchen versehen oder bunt gekennzeichnet hatte, hielt ich inne und notierte ihn mir auf einen Zettel. Anschließend fasste ich mit meinen Worten alle diese Bibelstellen zusammen, indem ich quasi eine Personenbeschreibung von Gott verfasste, und ließ sie in meine ganz spezielle Situation hineinreden:

Nichts ist mir unmöglich. Ich kann unendlich mehr tun, als du erbitten oder erdenken kannst. In mir sind alle Dinge erschaffen, im Himmel und auf Erden, sichtbar und unsichtbar, Throne ... Gewalten ... Regierende ... Machthaber. Alle Dinge wurden durch mich geschaffen und ich war vor allem. In mir und durch mich sind alle Dinge.

Mein ist die Majestät und Gewalt, Herrlichkeit, Sieg und Hoheit ... Ich bin das Haupt. Reichtum und Ehre kommt von mir. In meiner Hand steht Macht und Kraft ... Nichts auf Erden ist mir gleich!

Nicht durch Heer oder Kraft, sondern durch meinen Geist ... Ich weiß, wenn du sitzt oder aufstehst, ich verstehe deine Gedanken von ferne. Ich kenne alle deine Wege. Ich kenne deine Worte schon, bevor du sie aussprichst ... du kannst nicht fliehen ohne dass ich dich sehe. Stiegest du in den Himmel hinauf – ich bin da. Wolltest du dich im Totenreich verbergen – auch dort bin ich. Eiltest du dorthin, wo die Sonne aufgeht, oder verstecktest dich im äußersten Westen, wo sie untergeht, dann würde ich dich auch dort führen und nicht mehr loslassen ... Auch das Dunkel ist für mich nicht finster; die Nacht scheint so hell wie der Tag und die Finsternis so strahlend wie das Licht.

Ich spanne den Himmel aus wie einen Schleier, ich schlage ihn auf wie ein Zelt, unter dem die Menschen wohnen können ... Ich messe die Wasser mit meiner hohlen Hand und mit meinen breiten Händen markiere ich die Himmel.

Ich bin der Schöpfer. Ich bin der Wunderbare Ratgeber, der Starke Gott, der Ewige Vater, der Friedefürst. Ich bin das Alpha und das Omega, der Anfang und das Ende.

Ich bin unsterblich. Ich lebe in einem Licht, das niemand sonst ertragen kann. (Darum sage ich dir:) Ich trete für dich ein und du darfst mit Zuversicht und ohne Angst zu mir kommen. Ich werde dir meine Barmherzigkeit und Gnade zuwenden, wenn du meine Hilfe brauchst.

Ich werde nicht müde noch matt. Ich habe Weisheit und Erkenntnis, die niemand ergründen kann ... Unbegreiflich sind meine Gerichte und unerforschlich meine Wege! Niemand hat meinen Sinn erkannt. Niemand ist mein Ratgeber gewesen. Ich bin unvergleichlich ...

Ich bin vor und hinter dir ... Sei gewiss, dass weder Tod noch Leben, weder Engel noch Mächte noch Gewalten, weder Gegenwärtiges noch Zukünftiges, weder Hohes noch Tiefes noch eine andere Kreatur dich von meiner Liebe scheiden kann, die in Christus Jesus ist, deinem Herrn (nach Matthäus 17,20; Epheser 3,20; Kolosser 1,16-17; 1. Chronik 29,11-12; Hiob 41,33; Sacharja 4,6; Psalm 139,1- 2; Jesaja 40; Jesaja 9,6; Offenbarung 22,13; 1. Timotheus 6,16; Hebräer 4,16; Römer 11,33; Römer 8,38-40).

In dieser mir so unerträglich erscheinenden Situation brauchte ich eine neue Sicht von Gott. Und wirklich, indem ich das gelesene Wort für mich persönlich in Anspruch nahm, verschwand die Bitterkeit aus meinem Herzen und ich bekam einen neuen Blick für unseren Schöpfer. Ich musste das, was ich rein intellektuell aus der Bibel wusste auch wieder spüren können. Mir wurde an diesem Tag klar, dass derjenige, der in seiner Stillen Zeit das Wort Gottes ganz persönlich auf sich bezieht, daraus neue Kraft schöpfen kann.

Von Herz zu Herz

Auch wenn Sie den Eindruck haben, dass Sie das Schicksal eines anderen Menschen in Ihrer näheren Umgebung besonders belastet, kann es hilfreich sein, in Ihrer Stillen Zeit Ihre Lieblingsverse aufzuschreiben und sie dann auf diesen Menschen zu beziehen. Für jemand anderen tröstliche Bibelstellen herauszusuchen, bringt uns in die Gegenwart Gottes, denn auch wir werden durch sie getröstet. Eine Freundin von mir hatte zum Beispiel einen sehr kranken Freund, den sie gerne trösten wollte. Deshalb machte sie sich daran und schrieb ihm alle möglichen Verse über eine persönliche Beziehung zu Gott auf und darüber, wie nahe er uns sein kann.

Diese Suche können Sie sich dadurch erleichtern, dass Sie sich eine gute Konkordanz oder die Bibel auf einer CD-Rom zur Hilfe nehmen. Bevor Sie jedoch an die eigentliche Suche gehen, sollten Sie einige Stichwörter sammeln, die Sie zu den von Ihnen gewünschten Bibelstellen führen. Es kann gut sein, dass Sie zunächst einmal zu Ihren eigenen Schlüsselwörtern synonyme Begriffe suchen müssen, die auch tatsächlich in der Bibel vorkommen. Zum Beispiel ist Stress ein heutzutage sehr verbreitetes Gefühl, aber das Wort selbst steht so nicht in der Bibel. Stattdessen können Wörter wie Ausdauer, Geduld oder Leiden Sie zu den gesuchten Aussagen führen. Manchmal kann es auch hilfreich sein, nach einem Gegensatz zu schauen. Wenn Sie zum Beispiel mit Ärger und Sorgen kämpfen, sollten Sie auch nach dem Wort „Frieden" suchen.

Womit mühen Sie selbst, Ihre Angehörigen oder Freunde sich ab? Fertigen Sie zu allererst einmal eine Brainstorm-Liste mit den passenden Schlüsselwörtern an und suchen Sie anschließend besonders tröstliche und Hoffnung verbreitende Verse aus der Bibel heraus.

Laute Zeiten

Die Stille Zeit muss nicht unbedingt immer still sein, denn schließlich kommt der Glaube aus dem Hören, wie es uns in Römer 10,17 vermittelt wird.

In der Gemeinde, in der wir beide vor einigen Jahren gemeinsam als Jugendpfarrer arbeiteten, rief der Hauptpastor regelmäßig jedes Jahr im Januar eine Sabbat-Woche aus, während der alle Aktivitäten eingefroren wurden. Es gab jedoch eine Ausnahme und zwar wurde an zwei Tagen rund um die Uhr von verschiedenen Gemeindemitgliedern abwechselnd aus der Bibel vorgelesen. Nachdem man seinen Teil gelesen hatte, blieb man dann noch eine Stunde, um zuzuhören. Bevor ich das erste Mal an dieser Aktion teilgenommen hatte, hatte ich angenommen, dass mir die Zeit dabei lang werden würde. Außerdem hatte ich die dumpfe Vorahnung, dass ich ausgerechnet dann an der Reihe sein würde, wenn die langatmigen Vorschriften aus dem 3. Buch Mose drankamen! Aber ich war vollkommen überrascht, wie schnell dann tatsächlich die Zeit verflog und wie gern ich Gottes Wort vorlas und anschließend noch zuhörte – trotz der befürchteten Passagen, die ich wirklich erwischte!

Versuchen Sie doch auch einmal, die Bibel laut zu lesen, auch wenn Sie allein sind. Sie können aber auch dabei zuhören, während Ihre Kinder Ihnen aus der Bibel vorlesen. Eine andere Möglichkeit ist ein gut gemachtes Hörspiel, das anhand des Bibeltextes produziert wurde. Solche Hörspiele sind in jeder christlichen Buchhandlung[6] erhältlich. Und neuerdings gibt es auch qualitativ hochwertige Bibelverfilmungen, die man sich auf Video sogar in jeder Videothek ausleihen kann!

Unterwegs

Die Stille Zeit auch während des Familienurlaubs durchzuhalten, ist oft schwierig, aber mit einigen kreativen Ideen durchaus möglich. Stille Zeiten im Auto müssen allerdings laut sein. Anders geht es nicht. Hier ein paar Vorschläge, wie wir es gemacht haben:

▷ Auf einer langen Autofahrt sagen Bill und ich uns gegenseitig Bibelverse auf. Wir beginnen im ersten Buch Mose und sagen laut jeden Vers auf, den wir auswendig kennen, Buch für Buch, Brief für Brief, die ganze Bibel hindurch. Unsere Kinder haben sich, als sie älter wurden, immer gern daran beteiligt.

▷ Stellen Sie einen Radiosender ein, den Sie absolut nicht mögen, und kommentieren Sie mit Ihren Argumenten eine Talkshow. Für jedes Familienmitglied, das seine Argumente mit der Bibel belegen kann, gibt es Bonuspunkte.

▷ Hören Sie sich Kassetten mit Kinderhörspielen an, die eine klare biblische Botschaft enthalten, denn sie eignen sich auch gut für die Stille Zeit der gesamten Familie während der Reise.

▷ Bill Bright hat einmal gesagt, wenn er mit einem Menschen länger als fünf Minuten zusammen ist, nutze er die Zeit zu einem himmlischen Rendezvous und spreche mit ihm über den Glauben. Nutzen auch Sie die Gelegenheit, unterwegs mit Ihrer Familie über Jesus zu reden. Nehmen Sie geeigneten Lesestoff und Spiele mit und suchen Sie nach Möglichkeiten, die Unterhaltung von weltlichem auf geistlichen Gesprächsstoff zu bringen.

Wenn Ihre Stille Zeit zu einer lauten Zeit wird, besteht die Chance, dass jemand zuhört, der diese Worte gerade braucht.

Akt eins – Szene eins!

Mein Herz preist den Herrn,
alles in mir jubelt vor Freude
über Gott, meinen Retter!
Ich bin seine geringste Dienerin,
und doch hat er sich mir zugewandt.
Jetzt werden die Menschen mich glücklich preisen
in allen kommenden Generationen;
denn Gott hat Großes an mir getan,
er, der mächtig und heilig ist.
(Lukas 1,46–49)

Besonders gerne erinnere ich mich an die Stillen
Zeiten, in denen ich den Lobgesang der Maria auswendig gelernt habe. In dieser Passage des Neuen
Testamentes hatte ihr der Engel gerade gesagt,
dass sie den Messias gebären würde. Ich versetzte
mich beim Betrachten dieser Verse in Marias Lage
und war daraufhin zu Tränen gerührt. Und je öfter
ich den Lobgesang laut las, desto wichtiger wurde
er mir. Ich besorgte mir Bibelkommentare und
Studienhilfen, um tiefer in die Bedeutung dieser
Verse einzudringen. Anschließend las ich den Lobgesang immer wieder laut, bis ich ihn auswendig
konnte. Ich war von ihm so bewegt, dass ich ihn
anschließend meinem Mann und den Kindern vor-
trug.

Die Bibel wird für uns besonders lebendig, wenn wir Teile von ihr auswendig lernen und sie auch einmal nachspielen. Ich habe schon gesehen, dass ganze Bücher der Bibel Wort für Wort nachgespielt wurden. Das ist sehr ergreifend. Versuchen Sie einige Gebete in der Bibel auswendig zu lernen, wie Hannas Gebet um ein Kind in 1. Samuel 2, oder Samuels Gebet bei der Einweihung des Tempels (2. Chronik 6) oder das Vaterunser (Matthäus 6,9-13).

Als Kind hatte ich die Gelegenheit, von unserem Nachbarn das Vaterunser in der Zeichensprache der Indianer ausdrücken zu lernen. Auch heute noch, nach mehr als dreißig Jahren, kann ich immer noch das Vaterunser auf diese Weise beten.

Sie sehen also, wie gut es ist, wenn man andere Menschen, seine eigene Familie, in diese kreative Art des Lobes Gottes mit einbezieht. Spielen Sie doch einmal die Weihnachtsgeschichte nach oder die Teilung des Roten Meeres und sprechen Sie dazu die Worte der Heiligen Schrift. Einer spricht den Erzähler, während die anderen eine der Szenen darstellen. Max Lucado berichtete stolz von dem Erfindergeist seiner Frau, die bei der Darstellung des Volkes Israel in der Wüste Manna vom Himmel regnen ließ, indem sie Brot auf die Flügel des Deckenventilators gelegt hatte und im passenden Moment den Einschaltknopf betätigte!

Sollten Sie selbst keine schauspielerischen Talente entfalten wollen, können Sie sich Hörspiele über biblische Geschichten anhören oder gut gemachte Bibelverfilmungen aus der Videothek ausleihen und ansehen. Oder schreiben Sie doch selbst einmal ein Hörspiel zu einer biblischen Geschichte!

Wer über Gottes Wort nachdenkt, es auswendig lernt und darstellt, prägt es sich für immer tief ein.

Legen Sie Ihre Pläne schriftlich fest

Schreiben Sie Ihr Leben betreffend Gott einen Brief. Was möchten Sie in den nächsten drei bis sechs Monaten erreichen? Was möchten Sie von Gott lernen? Wie wollen Sie sich verändern und innerlich reifer werden? Welche Fragen hätten Sie gern einmal von ihm beantwortet? Vielleicht befinden Sie sich im Augenblick in einer besonderen Lebenskrise, ein Hindernis blockiert Sie oder Sie möchten, dass sich die eine oder andere Situation verändert. Schreiben Sie Ihre Gefühle, Ihre Ziele und Ihre Wünsche auf!

Stecken Sie anschließend diesen Brief in einen an Sie selbst adressierten und frankierten Umschlag. Geben Sie ihn dann einer Freundin und bitten Sie sie, Ihnen den Brief in drei, sechs oder zwölf Monaten zu schicken. Oder legen Sie ihn, versehen mit einem bestimmten Datum, in Ihre Bibel oder die Schublade Ihres Nachtschränkchens und öffnen Sie ihn erst an genau diesem Tag.

Diese Idee hat mir nach dem Tod meines Vaters sehr geholfen. Damals hatte ich mich vorübergehend für einige Monate von allen Verantwortungen als Leiterin der Frauenarbeit befreien lassen, weil mich die Verwaltung des Nachlasses meines

Vaters in jeglicher Hinsicht sehr beanspruchte. Doch nach zwei Monaten ging es mir emotional gesehen immer noch nicht besser. Daraufhin schrieb ich Gott, wie ich mich nach einer einjährigen Trauerzeit fühlen wollte. Und während ich diesen Brief schrieb, wurde mir deutlich, dass ich seinen Tod alleine nicht würde verarbeiten können. Also notierte ich mir einige Bücher, die ich lesen wollte. Außerdem suchte ich mir einen Therapeuten, mit dem ich gemeinsam meine Trauer aufarbeitete. Und ich schrieb nieder, was mir meiner Meinung nach gut tun würde, um mit meinen Gefühlen fertig zu werden und den Tod meines Vaters akzeptieren zu können. Zehn Monate sind seither vergangen. Ich glaube, ich wäre mit der Verarbeitung meiner Trauer jetzt noch nicht so weit, wenn ich mir diese Stille Zeit nicht gegönnt hätte, in der ich vor Gott ausgesprochen habe, wie nötig ich ihn brauche, um innerlich heil zu werden.

Einige Menschen schreiben ähnliche Briefe an Gott, nachdem sie ihre Arbeit verloren haben, ihre Ehe in die Brüche gegangen oder eines ihrer Kinder gestorben ist. Es gibt bestimmte Wegstrecken, die wollen wir einfach nicht gehen. Indem wir Gott jedoch die Schwierigkeiten nennen, die wir vor uns sehen, wird unser harter Weg weniger bedrohlich.

Holen Sie Ihr Briefpapier hervor und schreiben Sie sich einmal alles von der Seele!

Herzensfragen

Was würden Sie Gott fragen, wenn Sie in den Himmel kommen? Schreiben Sie in Ihrer Stillen Zeit einmal auf, welche theologischen Fragen Sie gerne beantwortet hätten. Über welches Gebiet möchten Sie mehr wissen: über die Eschatologie (Endzeitgeschichte), die Person Christi, die Heilige Schrift, über Taufe, Sünde oder Opferung? Schreiben Sie Ihre Wünsche auf. Schreiben Sie auch Wörter auf, deren Bedeutung Sie nicht verstehen wie: Theophanie, Eschatologie, Dispensation oder Apologetik.

In christlichen Buchhandlungen gibt es eine ganze Reihe von Büchern, in denen man Antworten auf diese und ähnliche Fragen finden kann. Fragen Sie ruhig einmal Ihren Pastor oder Ihre Pastorin, welche theologischen Bücher sie selbst bei der Vorbereitung von Seminaren oder Bibelstudien benutzen. Sie können sich bei ihnen vielleicht sogar zunächst einmal eine Konkordanz, ein Bibellexikon, einen Bibelkommentar, einen Atlas zur Bibel oder ein Buch zur Kirchengeschichte ausleihen, bevor Sie sich diese Bücher selbst zulegen.

Für meine eigene Stille Zeit war es zum Beispiel ein großer Gewinn, dass ich einmal den Spuren der Bibel von ihrem Ursprung auf Papyrus bis zu meiner geliebten englischen Fassung folgte. Diese

Studie ließ mich in die Kirchengeschichte hinein-
schauen, machte mich mit Luther, Wycliff und vielen anderen Theologen bekannt, die ihr Leben für
die Übersetzung der Bibel in alle Sprachen der Welt
eingesetzt haben. Was mit einer schlichten Frage in
einer stillen Stunde begonnen hatte, weitete sich für
mich zu einer mehrmonatigen Reise aus, die meinen Horizont ungeheuer weitete.

Fragen von Suchenden

Denken Sie auch mal über Fragen nach, die von
Menschen gestellt werden, die Jesus noch nicht ken-
nen. Schreiben Sie solche Fragen auf und suchen
Sie dann in Ihrer Bibel nach Antworten, die Sie an-
schließend schriftlich festhalten und gut aufheben.
Sollten Sie irgendwann einmal mit fragenden Men-
schen ins Gespräch kommen, können Sie schnell auf
Ihre Unterlagen zurückgreifen.

Diese frühzeitige Beschäftigung mit derlei Fragen war für mich immer mal wieder sehr wertvoll, wenn ich mit Menschen über den Glauben ins
Gespräch kam. Sie konfrontierten mich dann mit
Fragen wie: „Warum soll ich bis zur Ehe warten?
Warum soll ich der Bibel Glauben schenken? Was
ist das Besondere an Jesus? Und was passiert mit
den Menschen, die Jesus nicht annehmen? Was bedeutet Himmel? Was bedeutet Hölle? Wie kann ich
nach Gottes Wort eine bessere Mutter, ein besserer
Vater werden? Warum soll ich mit meiner Familie
Ostern zur Kirche gehen? Woher weiß man, dass
Gott die Erde geschaffen hat und wann ist das ge-
schehen?"

Hören Sie nicht auf zu fragen

Ganz besonders gern habe ich mich in meiner Stillen Zeit mit Interviews beschäftigt, die ich mit Menschen geführt habe, die bereits dreißig bis fünfzig Jahre mit Jesus gelebt haben. Ich stellte Ihnen Fragen wie: „Warum glauben Sie immer noch? Und was hat Ihren Glauben in den langen Jahren aufrechterhalten?" Es war interessant, was dabei an gemeinsamen Antworten herauskam. Die Hauptantwort war immer wieder: „Gottes Treue trotz aller Zweifel."

Gott wartet. Was wollten Sie ihn fragen?

Wertvolle Verheißungen

Julie ist eine hübsche junge Mutter, die eine süße Tochter mit Namen Sarah hat. Die meisten, die Sarah zum ersten Mal sehen, würden nicht glauben, dass sie von Geburt an sehr krank ist. Seit Sarahs Geburt vor sieben Jahren sammelt Julie Bibelverse, die sie trösten und davon sprechen, dass Sarahs ganze Hoffnung und Kraft in Gott liegt. Besonders dann, wenn Sarah wieder einmal ins Krankenhaus muss, sind diese auf Karteikarten geschriebenen Bibelstellen Julies ständige Begleiter.

Neulich, als Sarah erneut ins Krankenhaus musste, verteilte Julie einige dieser Spruchkarten an Freunde und Familien in der Gemeinde. Auf jeder Karte war eine von Julies besonders ausgewählten Bibelstellen gemeinsam mit einem Foto von Sarah zu finden, wodurch sie einen besonders guten Einstieg für unsere Gebete darstellten. Ich hatte zwei dieser Kärtchen, eines hing an meinem PC und eines an meinem Kühlschrank. So wurde ich während des ganzen Tages immer wieder daran erinnert, für Mutter und Tochter zu beten. Für mich selbst hatten diese Karten außerdem den Effekt, dass ich durch sie beständig an die Macht der Fürbitte erinnert wurde.

Einmal überreichte mir die Frauengruppe einer Gemeinde, die mich als Rednerin eingeladen hatte, zum Dank einen immer währenden Kalender. An jedem Tag des Kalenders war ein besonderer Bibelvers eingetragen worden, in den sie meinen Namen integriert hatten. Diese Frauengruppe hatte eine Kopie dieses Kalenders und versprach, anhand dessen jeden Tag für mich zu beten. Was für ein Geschenk!

Ich habe auch erfahren, dass es Familien verbindet, wenn sie gemeinsam in Gottes Verheißungen lesen. Vor einigen Jahren schenkte meine Mutter jeder Tochter und Schwiegertochter zu Weihnachten dasselbe Tagebuch mit einer Anleitung zur Stillen Zeit. Als wir uns im Laufe des darauf folgenden Jahres von Zeit zu Zeit trafen, tauschten wir uns darüber aus, welche der Verheißungen wir für uns und jeden Einzelnen in der Familie besonders in Anspruch genommen hatten.

Vielleicht möchten auch Sie sich Karteikarten, ein kleines Tagebuch oder einen immer währenden Kalender anfertigen. Lassen Sie sich für einen solchen Kalender einfach 365 Seiten von einem Buchbinder binden. Und mit einem eigenen Verheißungsbuch können Sie einen besonders tiefen Kummer, eine Scheidung, Krankheit oder den Verlust Ihres Arbeitsplatzes leichter verarbeiten. Gott kennt Ihre Sorgen und sein Wort kann wie eine heilsame Salbe wirken.

Verschiedene Bibelübersetzungen

Manchmal werden uns manche Bibelstellen, die wir immer wieder lesen, so geläufig, dass sie uns gar nicht mehr ansprechen. Aber Gottes Wort ist lebendig! Wir sollten deshalb nach Möglichkeiten suchen, das Wort Gottes immer wieder so zu hören, als würden wir zum allerersten Mal mit ihm konfrontiert.

Eine Möglichkeit dazu bietet eine neue Bibelübersetzung, die uns noch nicht geläufig ist, oder der Vergleich von verschiedenen Übersetzungen, damit wir eine Passage aus unterschiedlichen Blickwinkeln betrachten können. Es gibt sogar Bibeln mit verschiedenen Übersetzungen nebeneinander. Damit lassen sich dann die Verse parallel lesen, wodurch sich einem häufig neue Einsichten auftun. Lesen Sie zum Beispiel die bekannten Verse Mathäus 11,28–30 in den folgenden Bibelübersetzungen:

Kommet her zu mir, alle, die ihr mühselig und beladen seid; ich will euch erquicken. Nehmt auf euch mein Joch und lernt von mir; denn ich bin sanftmütig und von Herzen demütig; so werdet ihr Ruhe finden für eure Seelen. Denn mein Joch ist sanft, und meine Last ist leicht. (Revidierte Lutherbibel, 1985)

Kommet her zu mir, alle ihr Mühseligen und Beladenen, und ich werde euch Ruhe geben. Nehmet auf euch mein Joch und lernet von mir, denn ich bin sanftmütig und von Herzen demütig, und ihr werdet Ruhe finden für eure Seelen; denn mein Joch ist sanft, und meine Last ist leicht.
(Elberfelder Übersetzung)

Kommet alle her zu mir, die ihr euch abmüht und unter eurer Last leidet! Ich werde euch Frieden geben. Nehmt meine Herrschaft an und lebt darin. Lernt von mir! Ich komme nicht mit Gewalt und Überheblichkeit. Bei mir findet ihr, was eurem Leben Sinn und Ruhe gibt. Ich meine es gut mit euch und bürde euch keine unerträgliche Last auf.
(Hoffnung für alle)

Ihr plagt euch mit den Geboten, die die Gesetzeslehrer euch auferlegt haben. Kommt doch zu mir; ich will euch die Last abnehmen. Ich quäle euch nicht und sehe auf keinen herab. Stellt euch unter meine Leitung und lernt bei mir; dann findet euer Leben Erfüllung. Was ich anordne, ist gut für euch, und was ich euch zu tragen gebe, ist keine Last.
(Die Gute Nachricht)

Kommet her zu mir, alle ihr Mühseligen und Beladenen, und ich werde euch Ruhe geben. Nehmet auf euch mein Joch und lernet von mir, denn ich bin sanftmütig und von Herzen demütig, und ihr werdet Ruhe finden für eure Seelen, denn mein Joch ist brauchbar, und meine Last ist leicht.
(Wuppertaler Studienbibel)

Sollten Sie bereits seit vielen Jahren dieselbe Bibel-übersetzung lesen, versuchen Sie doch einmal eine andere Bibelausgabe. Sie werden überrascht sein, wie Sie auf diese Weise das Wort Gottes mit neuen Augen sehen werden.

Fasten

Fasten ist mittlerweile eine fast vergessene Übung. Entweder fasten einige Menschen, um Gott gnädig zu stimmen, oder sie fasten aus gesundheitlichen Gründen zur Körperreinigung. Der erbaulichste Effekt des Fastens wird leider jedoch oft übersehen, vermutlich weil er so simpel ist: Durch das Fasten ändert sich unser Verhalten, unser Gesichtsfeld und unser Herz. Dadurch haben wir weniger Ablenkung und gewinnen so eine intensivere Zeit mit Gott.

Meine beste Erfahrung mit Fasten habe ich gemacht, als Bill und ich entscheiden mussten, ob wir von der Jugendarbeit in die Erwachsenenarbeit überwechseln. Wir hatten überhaupt keine Idee, wo Gott uns geographisch haben wollte, deshalb verbrachten wir einen Tag lang getrennt voneinander mit Beten und Fasten.

Diesen ganzen Tag bat ich, dass Gott mir dabei helfen möge, die richtigen Fragen zu stellen und herauszufinden, welche Art der Entscheidungsfindung er uns vorschlägt. Sobald mir etwas dazu einfiel, schrieb ich es auf und am Ende dieses Tages hatte ich eine Liste mit nahezu 20 Kriterien, die wir bei den nächsten Vorstellungsgesprächen in einer Gemeindevorstellung beachten sollten.

Auch Bill kam mit einer Liste nach Hause und als wir unsere Listen miteinander verglichen, waren sie fast identisch! Wir richteten uns also bei dem nächsten Vorstellungstermin nach diesen Kriterien und hatten auf diese Weise Anhaltspunkte, nach denen wir unsere Wahl treffen konnten.

Das Fasten war übrigens im Alten Testament so gut wie selbstverständlich. Beim Volk Israel gehörte es zum Beten, zur Meditation und zur Trauer – es war ein Teil des Lebens. Wie die folgenden Beispiele zeigen, finden wir das Fasten sowohl im Alten als auch im Neuen Testament.

Fasten zu Zeiten der Trauer

Danach kamen die Jünger des Täufers Johannes zu Jesus und fragten: „Wie kommt es, daß wir und die Pharisäer regelmäßig fasten, aber deine Jünger nicht?" Jesus antwortete: „Können die Hochzeitsgäste mit Trauermienen herumsitzen, solange der Bräutigam unter ihnen ist? Die Zeit kommt früh genug, daß der Bräutigam ihnen entrissen wird, dann werden sie fasten." (Matthäus 9,14-15).

Fasten zur Entscheidungsfindung

Sie riefen die Bürger der Stadt zu einer Bußfeier zusammen und ließen Nabot ganz vorne sitzen (1. Könige 21,12).

Fasten zur Weihe

Joschafat erschrak sehr. Er entschloß sich, den Herrn zu befragen, und ließ in ganz Juda eine Fastenzeit ausrufen (2. Chronik 20,3).

Fasten zur Buße

Die Leute aus Ninive setzten ihre Hoffnung auf Gott. Sie beschlossen zu fasten; und alle, Reiche wie Arme, legten zum Zeichen der Reue den Sack an (Jona 3,5).

Fasten in der Not

„Geh und rufe alle Juden in Susa zusammen! Haltet ein Fasten für mich. Drei Tage lang sollt ihr nichts essen und nichts trinken, auch nicht bei Nacht; und ich werde zusammen mit meinen Dienerinnen dasselbe tun. Dann gehe ich zum König, auch wenn es gegen das Gesetz ist. Komme ich um, so komme ich um!" (Esther 4,16).

Fasten aus falschen Motiven

„Ihr fastet zwar, aber ihr seid zugleich streitsüchtig und schlagt sofort mit der Faust drein. Darum kann euer Gebet nicht zu mir gelangen. Ist das vielleicht ein Fasttag, wie ich ihn liebe, wenn ihr auf Essen und Trinken verzichtet, euren Kopf hängen laßt und euch im Sack in die Asche setzt? Nennt ihr das einen Fastentag?" (Jesaja 58,4–5).

„Ich faste zwei Tage in der Woche und gebe dir den vorgeschriebenen Zehnten sogar noch von dem, was ich bei anderen einkaufe" (der selbstgerechte Pharisäer in Lukas 18,12).

Fasten, das Gott gefällt

„Nein, ein Fasten, wie ich es haben will, sieht anders aus! Löst die Fesseln der Gefangenen, nehmt das drückende Joch von ihrem Hals, gebt den Mißhandelten die Freiheit, und macht jeder Unterdrückung ein Ende!" (Jesaja 58,6).

Fasten zur Überwindung von Sünde

„Doch diese Art von bösen Geistern kann nur durch Gebet und Fasten ausgetrieben werden" (Matthäus 17,21).

Fasten – aber wie?

Es gibt drei Formen des Fastens:

▷ Absolutes Fasten bedeutet nichts zu essen und zu trinken. Auf diese Weise kann man einmal für einen bestimmten Tagesabschnitt eine Mahlzeit und das Trinken auslassen, aber nicht länger, denn eine regelmäßige Wasseraufnahme ist lebensnotwendig.

▷ Beim Teilfasten oder auch Heilfasten ist die Nahrungsaufnahme auf Säfte und Wasser begrenzt, manchmal werden auch Kräutertees und eine Gemüsebrühe empfohlen.

▷ Das allgemein bekannte Fasten meint: keine Nahrung zu sich nehmen und nur Wasser trinken.

In der Bibel gibt es Beispiele für ein-, drei-, sieben- und vierzigtägiges Fasten. Je länger Sie fasten wollen, umso sorgfältiger müssen Sie sich zunächst diesbezüglich informieren. Am besten fragen Sie Ihren Arzt.

Wie Sie fasten ist zudem von Ihrer Person und Lebenssituation abhängig. Bill Bright, der Leiter von Campus für Christus, zum Beispiel, mixte sich besondere Säfte nach einem bestimmten Rezept, mit deren Hilfe er 40 Tage fastete. Für Bill war das wahrscheinlich sehr gut, aber für mich wäre diese Mixtur viel zu kompliziert und die aufwendige Zubereitung würde mich völlig ablenken. Ich selber faste hin und wieder, um mehr Zeit für Gott zu gewinnen und auf ihn zu hören.

Mütter mit kleinen Kindern und Frauen, die in ihrer Familie Menschen haben, die keine Christen sind, können nur kurze Zeit fasten, denn sonst würden Sie wahrscheinlich durch ihre Verantwortung den anderen Familienmitgliedern gegenüber ständig darin unterbrochen.

Es gibt jedoch keine besonders „geistliche" Methode des Fastens. Man versucht schlicht und einfach, während dieser Zeit die Verbindung zu Gott zu stärken.

Auch gehören Fasten und Ruhen zusammen, da das Fasten Ihre körperlichen Kräfte deutlich beeinflussen kann. Deshalb sollten Sie in dieser Zeit viel trinken und nur leichte Arbeit verrichten. Und wenn Sie mehr als ein oder zwei Mahlzeiten überschlagen, sollten Sie anschließend mit leichten Speisen in kleinen Mengen wieder mit dem Essen beginnen.

Nicht nur das Essen kann unsere Zeit und unsere Herzen von Gott ablenken. Eine andere Variante des Fastens ist, auf ein Lieblingsprogramm im Fernsehen zu verzichten und stattdessen eine Stille Zeit einzulegen oder einen Tag von der Hausarbeit auszuruhen oder Ihre normale Arbeitsroutine zu unterbrechen. Ein Verzicht auf Schokolade, Cola oder Kaffee ist ebenfalls eine Möglichkeit des Fastens, besonders wenn diese Genussmittel zur Gewohnheit oder gar zur Sucht geworden sind. Außerdem können Sie für eine gewisse Zeit Ihr Radio im Auto abstellen und stattdessen die Fahrtzeit zum Beten nutzen.

Jedes Mal, wenn Sie Ihre Routine unterbrechen und Gott die dadurch gewonnene Zeit schenken, wird er Ihnen begegnen. Geben Sie etwas auf, um viel zu gewinnen.

Just do it! (Tu's doch!)

Wir sind eine T-Shirt-Gesellschaft. Kaum ist ein Slogan, ein Ausspruch oder eine eingängige Werbung auf dem Markt, so tragen wir sie auf unserem Rücken.

Ich höre mir oft Predigten an, schreibe bei Predigten mit und predige von Zeit zu Zeit auch selbst. Und doch sind es nur wenige Predigten, an die ich mich wirklich erinnern kann. Aber eine Predigtreihe, die Jill Briscoe einmal für Mitarbeiterinnen in der Frauenarbeit hielt, vergesse ich nie. Jeden Tag und jede ihrer Botschaften begann Jill mit dem Werbeslogan von der Sportfirma *NIKE*: *Just Do It*! Sie brachte uns die Prinzipien von Führungskräften bei und wiederholte auch hier: *Just Do it*! Am nächsten Tag lautete das Motto: *Do It Tired* (Tu's, auch wenn du müde bist). Darauf folgte: *Do it Scared* (Tu's, auch wenn du Angst hast). Und schließlich: *Do It Bad Until You can Do It Good* (Tu's so lange schlecht, bis du es gut kannst).

Besonders in den Zeiten, in denen ich völlig erschöpft bin und nicht weiß, wo mir der Kopf steht, werde ich sanft daran erinnert: *Just Do it*! *Do it tired*! Auch an Tagen, an denen ich keine Lust zur Stillen Zeit habe, höre ich die leise Aufforderung: *Just do it*!

Manche Dinge, die ich beim Bibellesen und während meiner Andachtszeit gelernt habe, fasse ich gerne in einem Satz zusammen. Ich habe sogar einmal ein T-Shirt beschriftet, das mich besonders zur Ausdauer motivieren soll. Vorne habe ich ein Kreuz aufgemalt und auf der Rückseite steht: *Er schaffte es bis zu mir. Ich schaffe den nächsten Schritt für ihn.*

Ausdauer ist so ein Thema für sich. Ich weiß, es gibt Hunderte von Sprüchen zu Ausdauer und Geduld. Und doch, wenn ich todmüde bin, ist es gerade dieser Satz, der mir deutlich macht, was Jesus für mich am Kreuz getan hat und der mich dadurch neu motiviert. Manchmal, wenn ich so richtig müde bin, kann ich keine lange geistliche Abhandlung mehr durcharbeiten, aber der Satz auf meinem T-Shirt kann mich daran erinnern, den nächsten Schritt für ihn zu tun.

Versuchen Sie es einmal! Vielleicht fällt Ihnen zu den geistlichen Übungen wie Gebet, Fasten, Lobpreis, Bibelstudium oder Heiligung eine besondere Motivation ein. Denken Sie darüber nach, ob Ihr Motto auf eine Kaffeetasse, ein T-Shirt oder in Ihren Bildschirmschoner im Computer passt!

Vielleicht stößt es Sie ab, so banal mit geistlichen Werten umzugehen. Aber Gehorsam ist nie banal. Alles, was Sie motiviert, Gottes Wort zu gehorchen: *Just Do It*!

Ein Wunderalbum

Bereits in unserem ersten Ehejahr wusste ich, dass wir auf eine Berufung in ein geistliches Amt zusteuerten. Um alles festhalten zu können, was uns als Antwort auf unsere Gebete zum vollzeitlichen Gemeindedienst bewogen hatte, kaufte ich ein Album, in das ich alle diese Erinnerungen hineinsteckte. Eines Tages würden wir Kinder haben und ich wollte nicht, dass sie glaubten, wir seien zu unserer Berufung durch eine gut bezahlte Pfarrstelle gekommen. Sie sollten wissen, dass es eine Zeit gegeben hatte, wo wir völlig in der Luft hingen.

Ich sammelte Erinnerungsstücke an erhörte Gebete: Zum Beispiel bewahrte ich die Einkaufstüten auf, die einmal geschenkte Lebensmittel für zwei Wochen enthalten hatten, als wir nicht wussten, wie wir unsere letzten fünf Dollar strecken sollten. Ich sammelte Rezepte, Notizen, Fotos und unsere Gebetslisten. Sie zeigten, wie Gott uns geholfen hatte, als wir immer wieder umziehen mussten.

Genau zu jener Zeit gab zu allem Übel auch noch unser Auto seinen Geist auf. Also bewegten wir uns in Bills letztem Ausbildungsjahr ausschließlich auf Fahrrädern fort. Aber irgendwann kam die Zeit, als ich ganztags und Bill halbtags arbeitete. Wir brauchten also dringend ein Auto. Gott musste einschreiten. Wir beteten. Unsere Jugendgruppe betete. Auf der ersten Seite unseres Wunderalbums klebt deshalb heute ein Autoaufkleber mit der Aufschrift: „Ich glaube an Wunder!", den uns ein Jugendlicher für unser zukünftiges Auto geschenkt hatte. Nach neun Monaten und vielen gefüllten Seiten unseres Wunderalbums – kam unser Auto angefahren. Ich habe in unserem Album nun ein Foto von uns mit dem grünen Chevy, den wir uns für den Verdienst aus einem Sonderauftrag hatten kaufen können. Die meisten der Schüler, die während dieser Zeit zu unserer Jugendgruppe gehört haben, sind mittlerweile als Pastoren in Amt und Würden. Ich kann mir nicht helfen, aber ich glaube, dass die inständigen Gebete um jenen Chevy mit zu ihrer Berufung beigetragen haben.

Immer wenn mein Glaube schwach wird, sich Zweifel einschleichen und ich mir nicht sicher bin, ob Gott mich wirklich sieht, wenn unsere Kirche, unsere Familie oder unsere Pfarrgemeinde in einer Krise stecken, nehme ich mir das Wunder-Album zur Hand. Es bringt mich zum Nachdenken und mir wird klar, dass Gott sich nicht verändert hat, auch wenn unsere Schwierigkeiten sich verändern oder größer werden. Er war und ist immer in der Lage, die Dinge in seine Hand zu nehmen.

Auch meine Kinder mögen dieses Buch sehr. Es gibt ihnen einen winzigen Einblick, wie es uns ums Herz war, bevor sie geboren wurden. Unser Ältester, der mittlerweile fast erwachsen ist, kann auf diese Weise fröhlich mit uns den Glauben teilen, der in diesen ersten gemeinsamen Jahren gereift ist.

Zusammentragen

Es gibt viele Möglichkeiten, ein solches „Wunderalbum" nachträglich zusammenzustellen. Sie können Menschen befragen, die einige Ihrer Glaubensschritte begleitet haben und Fotos aus anderen Alben auswählen. Ein besonders wichtiges geistliches Ereignis lässt sich möglicherweise noch mit Hilfe von Postkarten, Zeitungsausschnitten und Broschüren in Erinnerung bringen. Auch mit dem Computer lassen sich Seiten gestalten, die Ihre Glaubensschritte festhalten. Verwenden Sie dazu zum Beispiel folgende Überschriften: Wir vertrauten Gott in unserer Ausbildung. Wir vertrauten Gott bei unserer Partnerwahl. Wir vertrauten Gott für unsere Kinder. Wir vertrauten Gott für unser Haus. Wir vertrauten Gott unser berufliches Weiterkommen an. Benutzen Sie dazu verschiedenfarbige Seiten und eine besonders schöne Schrift und schreiben Sie Ihre Erinnerungen auf.

In dem Film *Twister* nahmen die beiden Hauptdarsteller, die darin in einen Tornado gerieten, ihre Ledergürtel und schnallten sich damit aneinander fest. Dann schnallten Sie sich gemeinsam an ein Rohr, das 30 Meter tief im Boden steckte. Der Tornado wirbelt sie kopfüber in das Auge des Wirbelsturms, aber sie kamen unbeschadet aus der Katastrophe wieder heraus. Warum? Sie hatten sich an einem unverrückbaren Gegenstand festgemacht, der dem Sturm Widerstand leisten konnte.

„So ist's ja besser zu zweien als allein; denn sie haben guten Lohn für ihre Mühe ... und eine dreifache Schnur reißt nicht leicht entzwei" (Prediger 4,9–12). Wenn Sie von derartigen Ankern in Ihrem Leben zu berichten wissen, stärkt das den Glauben aller Familienmitglieder. Und während Sie in Ihrer Stillen Zeit Gottes Wegweisungen für Ihr Leben noch nachträglich zusammentragen und aufzeichnen, wird gleichzeitig Ihre Beziehung zu ihm gestärkt.

Stille

„Sei stille und erkenne, dass ich der Herr bin."

Pager, Faxe, Handys, Walkmen. Da gibt es keine weißen Flecken mehr. Ich meine den Rand einer Buchseite, den unbeschriebenen Rand eines Briefes, das ruhige Plätzchen ohne Fernseher oder Radiogeräusche im Hintergrund. Die Kunst der Stille ist mittlerweile eine brotlose Kunst geworden.

In meiner Kindheit bedeutete für mich eine Begegnung mit Gott ein Spaziergang über eine Wiese hinterm Haus, bei dem ich mich an einem kalten Bach niederließ und von einem Steg meine Zehenspitzen in das Wasser baumeln ließ. Ich ging auch manchmal in den Obstgarten und nahm dorthin ein kleines Picknick mit. Oder ich schaute zu, wie am Horizont die Sonne hinter einem Felsen oder hinter dem Stall oder Heuballen verschwand. Sonntags machte ich meine Wanderungen besonders gern am späten Nachmittag, während alle im Haus vor der Fußballübertragung saßen. Dann freute ich mich über die Schöpfung und redete mit meinem Schöpfer. Nach jahrelanger Arbeit als Pfarrfrau denke ich immer noch, dass solche Zeiten des Alleinseins meine besten Zeiten mit Gott sind. Es sind, so glaube ich, deshalb meine besten Zeiten, weil ich dann zuhören kann.

Viele von uns vermissen Gott in ihrem Alltag.

Wenn aber alles still ist, wenn wir Zeit in der Natur verbringen oder wenn unsere Seelen zur Ruhe kommen, stimmen sich unsere Herzen auf die Gedanken Gottes ein. In der Stille kommen existenzielle Lebensfragen aus der Tiefe empor: Warum lebe ich? Wer hat die Welt erschaffen? Was geschieht, wenn meine Seele meinen irdischen Körper verlässt? Was ist der Sinn des Lebens?

Manchmal sieht es so aus, als schweige Gott. Aber es könnte auch sein, dass wir nur nicht zuhören. In Römer 1,20 erklärt uns Paulus, dass wir Gott sogar in der Natur erkennen können: „Denn Gottes unsichtbares Wesen, das ist seine ewige Kraft und Gottheit, wird seit der Schöpfung der Welt ersehen aus seinen Werken, wenn man sie wahrnimmt, so dass sie keine Entschuldigung haben."

Wie man Stille findet

Als ich mit dem Studium begann, hatte ich die Befürchtung, dort nie mehr allein sein zu können. Aber ich stellte fest: Besonders sonntagnachmittags war der Campus auffallend leer. Also packte ich mir zu diesem Zeitpunkt immer ein Picknick zusammen und zog alleine los.

Nach unserer Hochzeit bewohnten mein Mann und ich zunächst ein winziges Apartment. Wo sollte ich dort ein stilles Fleckchen für mich alleine finden? Aber es gab den Park, den Schulhof und Bänke in der Innenstadt. Ich versuchte damals Ruhe zu finden, indem ich gegen den Strom schwamm, d.h. an Plätze ging wo Menschen an bestimmten Wochentagen zu bestimmten Zeiten nicht hinströmten.

Heute suche ich mir mit dem Auto stille Plätzchen am Straßenrand. Als Frau suche ich nach Stellen, an denen ich mich auch alleine sicher aufhalten kann.

Die Autorin Anny Dillard zitiert Hesekiel, der Menschen als falsche Propheten bezeichnet, die „die Lücken nicht gefüllt haben". Sie schreibt: „Auf die Lücken kommt es an. Die Lücken sind die Heimat des Geistes, die Höhen und Weiten, die so selten und klar sind, dass der Geist sich selbst entdecken kann wie ein Blinder, der sich zum ersten Mal sieht. Schleichen Sie sich an Zeitlücken an. Springen Sie mit einem Freudenschrei hinein. Verbringen Sie so diesen Nachmittag und den nächsten Morgen und den folgenden Nachmittag. Verbringen Sie so den Nachmittag – Sie können ihn nicht mitnehmen."

Wann sind Sie das letzte Mal in eine Zeitlücke gesprungen? Wann waren Sie in der Natur und haben nach Gottes Fingerabdrücken gesucht?

Beginnen Sie mit Rosen!

Suchen Sie sich einen Garten. Vielleicht ist es schon lange her, dass Sie einmal stehen geblieben sind, um den Duft der Rosen einzuatmen. Tun Sie es! Beginnen Sie mit einem Spaziergang in einem Garten oder Park. Suchen Sie sich eine Wiese, legen sich auf den Rücken und zählen Sie die Sterne oder, falls es Tag ist, beobachten Sie, wie die Wolken am Himmel vorüberziehen und betrachten Sie ihre Formen. Und dann beten Sie gerade wie es Ihnen ums Herz ist. Auch wenn Ihre Gedanken abschweifen und holpern.

Danken Sie Gott. Machen Sie Gott Komplimente für das, was Sie um sich herum wahrnehmen. Es hat mir zum Beispiel immer Spaß gemacht, nach den niedlichen Marienkäfern zu suchen. Sie zeigen mir, wie herrlich kreativ Gott ist!

Spielen Sie mit Gott Schuleschwänzen! Nehmen Sie sich einen Morgen zum Ausschlafen. Lesen Sie dann anschließend Bücher über Gott und Jesus. Leihen Sie sich christliche Video-Klassiker aus wie *Ben Hur* oder *Die Zehn Gebote*. Oder legen Sie sich ins Schwimmbad und lesen Sie dort einen besonders guten christlichen Roman.

Es wird Ihnen zunächst seltsam erscheinen, in Gott zu ruhen. Doch eines Tages werden sich diese Ruhepausen mit Gott in Monaten der Schaffensfreude und Klarheit des Geistes auswirken.

High-Tech-Verbindungen

Fax, E-mail, Mailbox, Internet, Diktiergeräte – es gibt so viele Kommunikationsmöglichkeiten in unserer heutigen High-Tech-Welt. Können wir sie dazu nutzen, unsere Verbindung mit Gott zu intensivieren?

Ton-Ideen

Ich persönlich schätze meinen Walkman sehr. Ich lege einen guten Vortrag oder eine Kassette mit Anbetungsliedern ein und kann auf diese Weise mit Gott in Verbindung bleiben, während ich durch eine lärmende Stadt laufe, mich in einem Flughafen durch Menschenmengen wühle oder eingeklemmt in einem Flugzeug sitze. Neulich erst saß ich in einem voll gepackten Flieger, umgeben von lauter fremden Menschen. Ich war müde und setzte meinen Flugzeug-Kopfhörer auf und plötzlich ging es mir besser. Denn ich war wie belebt, weil zu diesem Zeitpunkt eine brandneue CD mit Weihnachtsliedern zum Radio-Menü der Fluggesellschaft gehörte! Als ich dann beim Zuhören aus dem Fenster blickte, strahlten plötzlich die Lichter über der Stadt heller, denn sie erinnerten mich an die Liebe Gottes zu jedem Einzelnen, der dort unten lebte.

Sie können auch Mut machende Bibelverse auf eine Kassette diktieren und sie im Laufe des Tages abhören oder einer Freundin einen Lieblingsvers auf den Anrufbeantworter sprechen. Vielleicht revanchiert sie sich eines Tages!

Loggen Sie sich ein

Wenn Sie zur Arbeit gehen oder sich an Ihren Schreibtisch setzen und feststellen, dass Sie an diesem Tag noch keine Stille Zeit hatten, nutzen Sie eine Pause und klicken sich ins Internet ein. Surfen Sie auf eine der folgenden Seiten, die Ihnen dann weitere Hinweise für christliche Angebote im Internet geben werden:

▷ www.jesus.de
▷ www.jesus-online.de
▷ www.cina.de
▷ www.evangelium-online.de

Dies sind nur einige Adressen unter vielen. In etwa fünf Minuten fand ich mehr als 50 Angebote im Internet mit christlicher Ausrichtung.

Nutzen Sie Ihren Computer

Experimentieren Sie und entwerfen Sie einen besonderen Bildschirmschoner für Ihren PC. Sie können dort kurze Gebete, Gedanken oder Bibelverse einfügen, die Ihnen dadurch tagsüber immer wieder begegnen. Oder scannen Sie sich ein Lieblingsfoto ein, wählen einen Bibelvers dazu und drucken beides zusammen als Poster aus! Wir haben von jedem unserer Söhne ein Foto bei ihrem Lieblingssport gemacht. Sie durften sich dazu einen Bibelvers aussuchen und dann haben wir den Schnappschuss mit dem Bibelspruch auf Postergröße vergrößert. So hatte jeder Sohn in seinem Zimmer sein eigenes motivierendes Farbposter hängen.

In 5. Mose 11,18–21 ermutigt Gott den Leser: „Bewahrt deshalb diese Worte im Herzen! Denkt immer daran! Schreibt sie zur Erinnerung auf ein Band und bindet es um die Hand und die Stirn! ... Ritzt sie ein in die Pfosten eurer Haustüren und Stadttore!" (Hoffnung für alle) Meiner Meinung nach sind heute unsere Computer das Equivalent zu den Pfosten und Stadttoren der Israeliten, denn schließlich öffnen viele von uns täglich die Fenster ihrer Computer. Machen Sie aus einigen Fenstern Mutmacher, die Gottes Wort enthalten.

Freude am Luxus

Manchmal habe ich das Bedürfnis, mir im Zusammensein mit Gott etwas Besonderes zu leisten. Ich verziehe mich dann in den Garten einer Freundin oder decke den Tisch mit meinem besten Geschirr und bringe selbst gemachte Pralinen auf den Tisch oder selbst gebackenen Kuchen zu einer besonderen Teesorte. Während ich mich damit verwöhne, nehme ich dabei gleichzeitig Delikatessen aus Gottes Wort auf. Oder aber wir setzen uns gemütlich zusammen – ich in einem bequemen Sessel mit vielen Kissen am Fenster und Gott auf seinem herrlichen Thron im Himmel.

Weil ich mir einen lebhaften Austausch mit Gott bis an mein Lebensende erhalten möchte, will ich diese Beziehung pflegen. Ich suche mir regelmäßig einen besonderen Tag, an dem ich allein mit ihm in einer behaglichen Berghütte ausspanne. Auch bei einem Besuch in einer Kunstgalerie verharre ich hier und da einige Augenblicke im Gebet mit ihm. Ich verschlinge christliche Bücher am Swimmingpool. Ich habe immer Zeit für Gott eingeplant – und bin immer auf der Suche nach Möglichkeiten, aus der gemeinsamen Zeit mit ihm etwas Besonderes zu machen.

Manchmal möchte ich meine Zeit mit Gott mit einem blütenweißen Tischtuch, Kristallleuchtern,

Rosenblüten und Spitzenbändern verschönen. Ein andermal kaufe ich mir ein Tagebuch mit weißen Seiten, das von außen kunstvoll verziert ist. Ich möchte mich auf meine Zeit mit Gott freuen, wie ich mich auf eine Woche Hawaii mit meinem Mann freue. Ich wünsche mir, dass manche Zeiten der Stille mir auch noch nach Jahren das Gefühl geben, das ich als festlich gekleidetes kleines Mädchen am Ostersonntag empfand.

Gestalten Sie Ihre Zeit mit Gott

Machen Sie Ihre Zeit mit Gott zu einem Erlebnis. Hier sind drei Vorschläge:

▷ Der Sieg. Gehen Sie dorthin, wo Sie an einen Sieg erinnert werden: zum Sportplatz, zur Rennbahn, in ein Stadion. Lesen Sie dort besonders die Bibelverse, die von Gottes Sieg sprechen und denken Sie darüber nach, wie Gott Ihnen zum Sieg verholfen hat.

▷ Der Garten Eden. Gehen Sie in einen Garten oder Park. Nehmen Sie dorthin eine interessante Zeitschrift mit, Ihren Zeichenblock, Stifte und Farben oder eine Handarbeit. Setzen Sie sich ganz ruhig auf eine Bank und stellen Sie sich einmal vor, wie es gewesen sein mag, bevor Adam in die Frucht biss. Danken Sie Gott, dass er trotz der Sünde, die in diese Welt eingedrungen ist, seine Menschheit erlöst hat. Gott ist der Schöpfer. Wir sind nach seinem Bild geschaffen. Versuchen auch Sie, in seiner Gegenwart schöpferisch zu sein. Vielleicht können Sie dichten, fotografieren oder malen. Lassen Sie es einfach auf einen Versuch ankommen. Es muss dabei nicht alles perfekt werden. Schließlich sind Sie sein Kind und alle Eltern hängen sich mit Begeisterung die Kunstwerke ihrer Kinder an die Wand – egal wie gut sie geworden sind. Es sind die Werke ihrer Kinder.

▷ Fünf-Sterne-Hotel. Verbringen Sie ein erholsames Wochenende in einer gepflegten Umgebung. Oder verwandeln Sie Ihr Zuhause in ein Frühstückshotel. Decken Sie den Tisch mit Ihrem schönsten Geschirr, stellen Leuchter und Kerzen auf und frühstücken Sie mit Gott. Vielleicht möchten Sie lieber im Bett frühstücken und dabei Ihre Andacht halten. Lesen Sie, was in der Bibel über das Ausruhen, den Sabbat und Ruhepausen im allgemeinen steht. Zum Beispiel Jesaja 28,12: „Dieses Land soll für euch ein Ort der Ruhe werden. Gönnt den Erschöpften eine Pause! Hier könnt ihr in Frieden wohnen!'" Doch sie wollten nicht auf ihn hören. Darum wird der Herr von nun an nur noch das zu ihnen sagen, was sie als Blabla verspotteten: „,Tut dies, tut das; dies ist verboten, das ist verboten, macht hier etwas, macht dort etwas.'" (Hoffnung für alle)

▷ Erfahrung auf einem Gipfel. Gehen Sie auf den höchsten Punkt in Ihrer Stadt und beten Sie dort. Picknicken Sie auf einem Berg oder auf einem Dach und schauen Sie sich den Sonnenaufgang oder -untergang an. Fahren Sie auf die obere Etage eines Hochhauses – dorthin, wo Sie eine weite Sicht haben. Es bringt enorm viel, von solch einem Aussichtspunkt aus mit Gott zu reden, weil von oben her gesehen scheinbar riesige Probleme kleiner werden.

Natürlich kann man die Stille Zeit nicht täglich so oder ähnlich gestalten und doch finde ich, dass ich eine bessere Lebensperspektive gewinne, wenn übers Jahr hier und da einige Höhepunkte verteilt sind. Besondere Ereignisse verlangsamen vorübergehend meinen Schritt und geben mir eine neue Sicht- und Denkweise. Ich gewinne Klarheit und bin nach einer längeren Zeit in der Gegenwart Gottes gefestigter.

Eine andere Sichtweise

Lon und Leah Knievel arbeiten als Missionare unter den Iteri, einem Papua-Stamm in Neu Guinea. Für die Übersetzung des Gleichnisses vom Säemann suchten sie nach einem geeigneten Wort für gute Erde. Daraufhin brachte sie ihr Sprachlehrer zu einer Stelle mit besonders schwarzem, fruchtbaren Boden. Hier waren einmal riesige Bäume verrottet und verfault, aus denen bester Mulch entstanden war. In der Sprache des Iteri-Stammes bedeutet demnach ein aufgeschlossenes Herz für Gott ein Herz, das einem Komposthaufen gleicht!

Diese Art Gottes Wort zu übersetzen hat mich zum Nachdenken gebracht und meine Stille Zeit bereichert. Es inspiriert mich, dem unterschiedlichen Sinnzusammenhang in anderen Völkern nachzusinnen und gibt einzelnen Wörtern und Sätzen mehr Tiefe. Auch für denjenigen, der zum Beispiel die Amerikanische Gehörlosensprache für biblische Wörter lernt, werden viele Ausdrücke reicher und lebendiger als nur durch bloßes Nachdenken während der Stillen Zeit.

Eine Freundschaft und ein reger Briefwechsel mit Missionaren oder Ausländern kann also unsere Stille Zeit bereichern.

Entdecken Sie Gott in einer anderen Kultur

Auch der Besuch von Kirchen und Gotteshäusern in anderen Kulturen hat mich neue Teile der Persönlichkeit Gottes entdecken lassen. Besonders mein Freund Mesghina Gebremedhin hat mir diesbezüglich sehr viel beigebracht. Er ist Professor an der *Biola University* in der Nähe von Los Angeles und arbeitet mit Studenten aus vielen Nationen dieser Welt. Er und seine Frau mussten vor Jahren ihre Heimat in Eritrea verlassen und vor einem mörderischen kommunistischen Regime fliehen. Hier in Kalifornien gründete Mesghina eine Gemeinde für Flüchtlinge seines Heimatlandes, die sich in der Umgebung von Los Angeles „in Sicherheit" gebracht hatten.

Einmal hatte ich die Gelegenheit, mit ihm und seiner Familie einen Lobpreisgottesdienst in dieser Gemeinde zu erleben. Obwohl ich nur sehr wenig verstand, war ich von einem der Lieder besonders ergriffen. Der Refrain lautete: „Oh Mesghina. Oh Mesghina." Nach dem Gottesdienst fragte ich Mesghina, warum denn die Gemeinde immer wieder seinen Namen besungen habe.

Bewegt und beschämt schaute er zu Boden und sagte: „In meiner Sprache bedeutet Mesghina: Preist den Herrn!"

Mesghina ist für mich ein selten aufrichtiger Mann. Er liebt Christus mit einem schlichten Herzen und tut alles, um seine Landsleute mit Gottes Güte vertraut zu machen, trotz der schmerzvollen Vergangenheit, die hinter ihnen liegt. Seitdem ich Menschen einer anderen Kultur „Oh Mesghina!" singen gehört habe, ist mir Gottes liebevolle Geduld mit uns besser vorstellbar.

Sollten Sie keine Gemeinde aus einem anderen Kulturkreis in Ihrer Nähe besuchen können, dann können Sie sich mit Hilfe von Büchern anregen lassen, in denen zum Beispiel Missionare ihre Arbeit beschreiben. Auch das Buch mit dem Titel „Gebet für diese Welt" ist eine gute Quelle, die uns einen Eindruck von dem Leben der Christen in aller Welt geben kann. Gemeinsam mit meinen Kindern habe ich mich mit der Arbeit der Wycliff Bibelgesellschaft beschäftigt, die regelmäßig veröffentlicht, welche Stämme eine Bibel in ihrer eigenen Sprache brauchen. Wir beteten für jeden dieser Stämme, wodurch ich das Vorrecht, eine eigene Bibel in meiner Muttersprache zu besitzen, ganz neu schätzen lernte.

Denken Sie über folgende Bibelverse nach und bitten Sie, dass Gott Sie befähigt, aus Ihrer bequemen Gangart für eine gewisse Zeit in die Schuhe eines anderen zu schlüpfen:

Durch seinen Tod hat er die Sühne für unsere Schuld geleistet, ja sogar für die Schuld der ganzen Welt (1. Johannes 2,2).

Danach sah ich eine große Menge Menschen, so viele, daß niemand sie zählen konnte. Es waren Menschen aus allen Nationen, Stämmen, Völkern und Sprachen. Sie standen in weißen Kleidern vor dem Thron und dem Lamm und hielten Palmzweige in den Händen (Offenbarung 7,9).

Ein Geschenk für Gott

Jedes Jahr während der Weihnachtszeit überlege ich mir in der Stille, was ich Gott im nächsten Jahr schenken möchte. Manchmal ist es eine Geldgabe für eine Organisation, die Bibeln verteilt. Manchmal verpflichte ich mich auch, etwas zu tun, das mir hilft, die Aussagen der Bibel besser in meinem Alltag umzusetzen.

Jeder in unserer Familie schreibt am Vormittag von Heiligabend sein Geschenk für Jesus auf und legt es in einem weißen Umschlag unter den Weihnachtsbaum. Diese Geschenke werden dann während der Bescherung zuletzt geöffnet, denn es sind unsere wertvollsten Geschenke.

Wenn ich bei Weihnachtsfeiern als Rednerin eingeladen bin, gebe ich die Idee mit den weißen Umschlägen an meine Zuhörer weiter und biete ihnen die Möglichkeit, Jesus ein Geschenk zu machen. Letztes Jahr war bei einer solchen Veranstaltung, die ein ganzes Wochenende dauerte, eine sehr nette junge Frau unter den Teilnehmern, die gemeinsam mit ihrer Mutter gekommen war. Sie hieß Kelly und litt an einer sehr aggressiven Krebserkrankung. Ihre Mutter wollte ihr mit einem stillen Adventswochenende in den Bergen ein Stück Erholung schenken. Und Kelly war einverstanden gewesen und mitgekommen.

Als schließlich alle Freizeitteilnehmer abgereist waren, sammelte ich die vielen weißen Umschläge ein. Ich hatte versprochen, über jeder Bitte zu beten, über jedem Geschenk einer jeden Person. Mit Kellys Briefumschlag wurde ich selbst beschenkt. Sie schrieb:

Ganz gleich wie viel Zeit mir noch auf dieser Erde bleibt, ich will die Menschem um mich herum mit Gottes Liebe zurücklassen. Was auch der Krebs mit meinem Körper anstellen wird, wie ich mich auch fühlen mag, ich will Gottes Liebe mit anderen teilen.

Geschenkideen

▷ Machen Sie demjenigen, der Sie zu Jesus geführt hat, ein Geschenk oder den Menschen, die Sie auf dem Weg mit Jesus begleitet haben. Einmal habe ich zu Weihnachten allen Frauen, die mich im Jahr zuvor getröstet und ermutigt hatten, ein wunderschönes rotes Herz als Christbaumschmuck geschenkt.

▷ Beschenken Sie die Gemeinde, die Sie bereichert und Ihr Wachstum gefördert hat. Oder schicken Sie einem Menschen ein Geschenk, durch den Sie geistlich reifer geworden sind. Machen Sie den Sonntagsschullehrer, der am wenigsten beachtet wird, ausfindig und tun Sie ihm etwas Gutes!

▷ Danken Sie einem Lehrer Ihrer Kinder! Vor den Herbstferien habe ich einmal alle Lehrer meines Sohnes angerufen und mich auf ihren Anrufbeantwortern bei ihnen für ihre Arbeit bedankt. Ich denke mir, dass meine freundliche und fröhliche Stimme eine willkommene Abwechslung zu den zahllosen Klagen war, die sie ansonsten zu hören bekommen, wenn sie nach Hause kommen. Einer von Brocks Lehrern erwiderte meinen Anruf kurz und knapp mit den Worten: „Sie haben mir den Tag gerettet!"

▷ Vielleicht sind Sie bereits als Teenager oder als junger Erwachsener Christ geworden. Dann versuchen Sie sich einmal vorzustellen, was aus Ihrem Leben geworden wäre, wenn Sie Christus erst Jahre später kennen gelernt hätten. Schikken Sie eine Spende an eine Hilfsorganisation für allein stehende schwangere Frauen, an die Heilsarmee oder eine christliche Jugendinitiative.

▷ Schicken Sie Bibeln an Menschen in Not! Hierzu können Sie die Arbeit der Deutschen Bibelgesellschaft in Anspruch nehmen, die die Bibeln für Sie rund um die Welt verschickt.

▷ Ermöglichen Sie einem Kind die Teilnahme an einer christlichen Freizeit! In nur einer Woche Freizeitlager lernt ein Kind fast ebenso viel über Gott kennen wie in sechs Monaten in einer Jugendgruppe. Oft ist das Ferienlager die einzige Möglichkeit für Kinder, etwas über Jesus zu erfahren und mit ihm ein neues Leben zu beginnen.

Weihnachten ist eine gute Zeit, in der man als Beschenkte Geschenke weitergeben kann.

Gott im Alltag

Einmal zog ich ein wunderschön geschliffenes Glas aus meiner Spülmaschine und füllte es mit Wasser. Ich hatte gerade viel geredet und deshalb einen ganz trockenen Hals. Also füllte ich das Glas randvoll mit Mineralwasser und hob es durstig an meine Lippen. Gerade als ich die willkommene Erfrischung in großen Schlucken zu mir nehmen wollte, entdeckte ich Essensreste im und am Glas. Sofort schüttete ich das Wasser in den Ausguss und griff nach einem sauberen Glas.

Ich hatte kurz zuvor in meiner Stillen Zeit über die Qualitäten eines Leiters im 2. Timotheusbrief gelesen und mir fiel der Satz ein: „Wer sich von solchen Lehrern fern und rein hält, wird ein Gefäß zu ehrenvollem Gebrauch, ein heiliges Gefäß, dem Hausherrn von Nutzen und fähig zu jeder guten Tat" (2. Timotheus 2,21). Ich dachte lange über dieses Glas nach. Selbst heute noch, viele Jahre später, fällt mir immer dann, wenn ich mich schuldig gemacht habe und diese Sünde geheim halten oder mich rechtfertigen will, das Glas ein und was ich empfand, als ich es an die Lippen setzte. Ich möchte nicht wie dieses Glas zur Seite gestellt werden.

Stille Zeiten sind eine gute Gelegenheit, durch Anschauungsmaterial etwas zu lernen. Howard Hendricks spricht in seinem Buch *Living by the*

Book (Leben im Sinne der Bibel) davon, dass auch ganz alltägliche Sachen als Anschauungsmaterial dienen können. Und nicht zuletzt ist uns Jesus in dieser Hinsicht ein guter Lehrmeister, indem er in Gleichnissen sprach und in ihnen viele vertraute Bilder benutzte, um die Vorstellungskraft seiner Zuhörer anzuregen und wichtige Wahrheiten zu verdeutlichen: Sehet den Feigenbaum ... Ein Mann säte Samen ... Eine Frau verlor eine Münze ... und so weiter.

Nehmen Sie irgendeinen Gegenstand vom Kaffeetisch oder vom Schreibtisch. Suchen Sie ein Küchengerät aus. Oder sehen Sie nach, was in Ihrer Handtasche oder Börse ist. An welche Wahrheit der Bibel erinnert Sie dieses Teil? Stellen Sie sich selbst die Frage: Was hat mir dieser Gegenstand über Gott zu sagen?

Versuchen Sie es doch einfach einmal! Ihre Schlüssel könnten Ihnen helfen, in der Bibel die Schlüssel zum Erfolg zu finden, die Schlüssel zu gesunden Beziehungen, die Schlüssel zu all den Wahrheiten, die jeder Christ kennen sollte.

Schon in ganz kleinen Dingen kann die Weisheit Gottes verborgen liegen. Bitten Sie Gott, dass er das Alltägliche dazu benutzt, um Sie seinem Herzen nahe zu bringen. Tag für Tag.

Die fünf Sinne

Ich bin mit Schafen groß geworden, denn meine Familie besaß einige Schafherden. Das war auch der Grund, weshalb ich als Kind auf einem Schaffell schlief. Deshalb erinnert mich auch heute noch die Berührung mit einem Schaffell und sein Geruch an den guten Hirten, der sein Leben für seine Schafe ließ. Und auf mein Bücherregal habe ich in Augenhöhe eine Dornenkrone gelegt, die mich an den Preis erinnert, den Jesus für mich bezahlt hat. Solche sichtbaren Erinnerungsstücke an Jesus helfen mir, tagtäglich sein Bild mit mir herumzutragen.

Ja, wir können unsere fünf Sinne benutzen, um den Blick, das Gehör, den Geruch, den Geschmack und das Gefühl für die Bibel zu schärfen oder zu sensibilisieren.

▷ Suchen Sie in der Bibel nach Stellen, die das Thema Geruch mit einbeziehen. Zum Beispiel in Philipper 4,18.

▷ Lesen Sie das Hohelied und erfreuen Sie sich an den dort sprachlich gezeichneten und wunderschönen Bildern.

▷ Kaufen Sie sich eine CD mit israelischer Musik, die Sie als Tafelmusik während einer schönen Mahlzeit anhören.

▷ Leihen Sie sich ein Video über das Heilige Land aus und erleben Sie so einen besonderen Abend. Oder schauen Sie sich mit Freunden, die einmal in Israel gewesen sind, deren Urlaubs-Dias an. Gestalten Sie den ganzen Abend nach israelischer Art.

▷ Nehmen Sie einen Nagel als Erinnerung an den Tod Christi am Kreuz und denken Sie darüber nach, während Sie den Nagel einschlagen.

▷ Ich habe eine ganze Liste mit Dingen, die ich gerne hätte, weil sie mich an Geschichten in der Bibel erinnern. Zum Beispiel eine Alabasterflasche mit Parfüm. Die Geschichte der Frau, die ihre kostbare Narde, die ihr ganzer Reichtum war, verbrauchte, weil ihr Christus so wertvoll geworden war, rührt mich immer wieder zu Tränen. Auch Bibelverse, die besagen, dass unser Leben ein lieblicher Wohlgeruch ist und Loblieder, die daran erinnern, dass Jesus zerbrochen und sein Blut für mich vergossen wurde, gehen mir zu Herzen.

Was geht Ihnen zu Herzen?

Gehen Sie auf Entdeckungsreise

Erfahrungen mit der Bibel zum Anfassen lassen sich durch archäologische Ausgrabungen oder durch eine Reise ins Heilige Land bzw. durch eine Reise auf den Spuren des Paulus machen. Sollten Sie eher ein Sessel-Tourist sein, besorgen Sie sich Bücher zur Kirchengeschichte, die ihre Leser in das Leben der ersten Christen entführen.

Um die Bibel hautnah zu erleben, können Sie auch einmal versuchen, gemeinsam mit Ihrer Familie einen der jüdischen Feiertage zu feiern. Das Passahfest bietet zum Beispiel eine solche Möglichkeit. Oder feiern Sie das Laubhüttenfest und bauen sich in Ihrem Garten eine Hütte aus Zweigen. Und während Sie das Buch Esther lesen, können Sie dies zum Anlass nehmen, einmal das Purim-Fest zu feiern. In Ihrer Stadtbücherei oder in einer christlichen Buchhandlung gibt es viele Bücher, die die jüdischen Feste eingehend beschreiben.

Markieren Sie Teile Ihrer Bibel

Mit verschiedenen Farbstiften lassen sich Erfahrungen aus Ihrer persönlichen Stillen Zeit unterstreichen. Markieren Sie die Ihnen wichtig gewordenen Verse, damit sie sich leichter wieder finden lassen. Zum Beispiel lässt sich eine Römische Straße durch den Römerbrief ziehen, indem Sie die folgenden Verse markieren: Römer 1,16-17; 3,23; 6,23; 5,8; 10,9-10; 8,38-39. Mit diesen Bibelstellen können Sie dann jederzeit einen Menschen zu Jesus führen.

Ich male gerne Wichtiges und weniger Wichtiges in unterschiedlichen Farben an. Als ich das Lob auf die tüchtige Frau in Sprichwörter 31 durchlas, strich ich alle Verben blau an: (Sie tut, sie geht, sie arbeitet gern, sie bringt, sie steht auf, sie gibt, sie trachtet, sie kauft, sie pflanzt, sie gürtet, sie regt, sie merkt, sie streckt, sie fasst, sie breitet, sie reicht, sie fürchtet nicht, sie macht, sie lacht, sie schaut, sie isst und ihre Söhne stehen auf und preisen sie.) Einige verschiedenfarbige Stifte oder ein Vierfarbstift bringen Farbe in Ihre Stille Zeit.

Die bekannte Autorin Kay Arthur hat in einem ihrer Bücher zu einem intensiveren Bibelstudium aufgerufen und angeregt, mit einfachen Zeichnungen am Rand die Seiten zu markieren. Zum Beispiel lassen sich Verheißungen mit einem Regenbogen kennzeichnen. Ein trauriges Gesicht warnt vor Sünde, ein glückliches Gesicht macht auf das Ergebnis des Gehorsams aufmerksam. Ich zum Beispiel habe an den Rand der Kapitel über Jesus unseren Hirten, die ich ganz besonders mag, ein kleines Lamm in die obere Ecke der entsprechenden Seiten gemalt. Dadurch finde ich diese Stellen schneller wieder, wenn ich rasch eine Ermutigung brauche. Es gibt viele einfache Symbole wie ein Herz, eine Glühbirne, ein Fragezeichen u.Ä., mit denen sich Texte markieren lassen. Dazu muss man kein Rembrandt sein. Einige Striche reichen bereits aus!

Machen Sie auf diese Weise Ihre Stille Zeit aktiver, farbiger oder beleben Sie Ihre Stille mit Andachtsbildern und geistlicher Musik. Aber Vorsicht! Dabei vergeht die Zeit wie im Fluge, weil es einfach Spaß macht.

Schöne Sonntage

Ganz besonders der Sonntag eignet sich für die Stille Zeit. Und trotzdem vergessen wir oft, während wir zum Gottesdienst eilen, uns mit Gott zu verabreden! Ich möchte nachstehend einige Möglichkeiten aufzeigen, wie man sich in der eigenen Stillen Zeit auf eine Begegnung mit Gott im Gottesdienst vorbereiten und auch noch das, was man am Sonntag gelernt hat, während der Woche umsetzen kann.

Der Frühaufsteher

Versuchen Sie eine halbe Stunde früher zur Kirche zu gehen. Setzen Sie sich dort ganz ruhig in die Bank und beten Sie, dass Gott Ihnen und den anderen, die kommen werden, begegnet. Oder gehen Sie wie manche Pastoren durch die Kirche und beten für jeden Platz und jeden Menschen, der auf diesem Platz sitzen wird, dass er etwas von Gott empfängt. Irgendwo in Ihrer Kirche werden Sie bestimmt ein stilles Eckchen finden, wo Sie einen Psalm lesen oder ein geistliches Lied singen können.

Wenn irgend möglich, gehen Sie zu Fuß zum Gottesdienst. Oder gehen Sie einmal um die Kirche herum und beten Sie für die Menschen, die in deren Nachbarschaft wohnen und für die ganze Stadt.

Noch eine Idee für die Stille Zeit, die garantiert anderen Freude bereiten wird: Legen Sie ein kleines Geschenk (eine Tüte mit Gebäck oder Süßigkeiten) für eine Sonntagsschulklasse und ihren Leiter mit einem Dankeschön bereit und beten Sie für die Arbeit, die in diesem Raum getan wird.

Zur Abwechslung können Sie auf Ihrem Gang zur Kirche auch einmal in einem Café anhalten, dort Ihre Bibel lesen oder mit Menschen reden, die Jesus noch nicht kennen. Ihr Glaube könnte dabei neu belebt werden, denn vielleicht sind Sie der einzige Pastor für diese Menschen, die nie eine Kirche betreten würden.

Lassen Sie sich von Gott überraschen!

Von David und Karen Mains lernten wir, uns von Gott überraschen zu lassen. Auf dem Weg zur Kirche beten wir als Familie, dass Gott uns begegnen möge und uns hilft, anderen zu dienen. Wir formulieren dieses Gebet folgendermaßen: „Segne mich und lass mich ein Segen sein." Auf dem Heimweg fragen wir dann einander: „Wie ist Gott dir begegnet? Hat Gott dich gebraucht, um einem anderen Mut zu machen?" Meinen Söhnen fiel es nie schwer, mit zur Kirche zu gehen. Vielleicht liegt es daran, dass wir uns jeden Sonntag von Gott überraschen ließen. Wir halten gern nach Gottes Überraschungen für uns Ausschau.

Von der Kanzel zur Stillen Zeit

Auch Predigten können ein Einstieg in unsere persönliche Andacht werden. Lesen Sie, wenn möglich, den angegebenen Predigttext im Voraus, damit Sie ungefähr wissen, worüber Ihr Pastor sprechen wird. Es sollte allerdings dabei nicht Ihr Ziel sein, Ihren Pastor zu korrigieren. Nutzen Sie vielmehr die Zeit, Ihr Herz und Ihren Verstand auf seine Botschaft auszurichten. Sollte Ihr Pastor einen der Paulusbriefe beackern, lohnt es sich bestimmt, zuvor in der Stillen Zeit die Apostelgeschichte zu lesen, um die historischen Hintergründe zu verstehen, die Paulus anspricht. Predigt Ihr Pastor über einen Text im Alten Testament, sollten Sie versuchen, im Neuen Testament Parallelstellen zu finden.

Ich habe noch einige weitere Vorschläge, wie Sie das Gemeindeleben in Ihre Stille Zeit integrieren können:

▷ Machen Sie sich während der Predigt Notizen, die Sie in Ihrer Stillen Zeit nachlesen können. Vielleicht möchte Gott, dass Sie die Predigt in Ihrem Alltag anwenden.

▷ Notieren Sie sich während der Predigt Fragen zu Themen, von denen Sie mehr erfahren möchten, oder Gedanken, denen Sie nachgehen und die Sie vertiefen wollen.

▷ Beten Sie in Ihrer Stillen Zeit für Gemeindemitglieder. Fertigen Sie sich dazu eine Liste an oder beten Sie anhand des Gemeindebriefes.

▷ Sprechen Sie vertraute Teile der Liturgie oder Gebete aus Ihrem Gottesdienst in der Stillen Zeit nach.

▷ Halten Sie mit sich und Gott Abendmahl und gehen Sie, indem Sie Psalm 22 oder Matthäus 27

lesen, alle Leidensschritte Jesu bis ans Kreuz
nach.

▷ Halten Sie ein Sabbat-Mahl bei Kerzenschein
oder übernehmen Sie andere Traditionen der
frühen Kirche. Auf diese Weise können Sie Ruhe
in Ihre Sonntage bringen.

Bleiben Sie auf jeden Fall immer mit Jesus in Verbindung, damit er Ihnen an jedem Sonntag dienen
kann.

Sichtbare Zeichen

Albrecht Dürer hatte bereits als Kind den Wunsch, einmal Maler zu werden. Schließlich verließ er schon früh sein Elternhaus, um bei einem großen Meister in die Lehre zu gehen. Dort lernte er einen Freund kennen, der von demselben Wunsch beseelt war. Und weil beide arm waren, zogen sie zusammen. Weil sie so wenig Geld hatten, war es jedoch schwierig für sie, dass beide gleichzeitig studierten. Also machte Albrechts Freund den Vorschlag zu arbeiten, während Albrecht studieren sollte. Sobald Albrecht dann mit seinen Bildern Geld verdienen würde, wollte der Freund mit seinem Studium beginnen. Nach einiger Überredungskunst stimmte Albrecht zu und malte fleißig, während sein Freund für den gemeinsamen Lebensunterhalt hart arbeitete.

Endlich kam der Tag, an dem Albrecht einen Holzschnitt verkaufte, und sein Freund die Pinsel wieder zur Hand nehmen konnte. Doch da stellte er fest, dass seine Finger durch die harte Arbeit steif geworden waren und er keine feinen Arbeiten mehr ausführen konnte. Als Albrecht bewusst wurde, was mit seinem Freund geschehen war, machte er sich große Sorgen und Vorwürfe. Als er eines Tages unerwartet nach Hause kam, hörte er die Stimme seines Freundes, der gerade betete, und blickte auf dessen verarbeitete, gefaltete Hände.

„Ich will der Welt zeigen, wie wertvoll diese Hände sind", beschloss Albrecht daraufhin in diesem Augenblick. „Deshalb werde ich seine betenden Hände malen, wie ich sie in diesem Augenblick vor mir sehe." Mit den „Betenden Händen", einer weltberühmten Arbeit von Dürer, drückte er seinen Dank gegenüber seinem treuen Freund aus. Und somit wurden diese Hände zu einem sichtbaren Zeichen von Gottes Treue.

Denkmäler

Josua wusste, dass die Menschen Zeichen brauchen, die ihre Erinnerungen lebendig erhalten. Nachdem die Israeliten jahrelang das verheißene Land gesucht hatten, erhielt jeder Stamm einen Landstrich, den er bebauen sollte. Kurz darauf ging die Kunde, dass einige Stämme einen Altar errichtet hatten. Sie sagten:

Deshalb haben wir diesen Altar gebaut – nicht für Brand- oder Mahlopfer, sondern als ein Zeichen, das zwischen uns und euch und zwischen unseren und euren Nachkommen aufgerichtet ist. Es soll bezeugen, daß wir tatsächlich das Recht haben, zum Heiligtum des Herrn zu kommen und ihm Brandopfer und Mahlopfer und andere Opfer dazubringen. Eure Nachkommen sollen nicht zu den unseren sagen dürfen, sie gehörten nicht zur Gemeinde des Herrn (Josua 22,26-27).

Auch wir können unsere eigenen Altäre, unsere eigenen Denkmäler der Güte Gottes in unserem Leben errichten.

Die Autoren Jim und Sally Conway haben sich zum Beispiel unter einem wunderschönen Baum das Jawort gegeben. Jedes Jahr kehrten sie an ihrem Hochzeitstag zu diesem Baum zurück und auch jede ihrer drei Töchter haben sie unter diesem Baum fotografiert. Als Sally dann viel zu früh gestorben war, eilte Jim sofort zu *ihrem* Baum und trauerte unter seiner mächtigen Krone.

In Oklahoma City sprühten Arbeiter nach einer furchtbaren Bombenkatastrophe, die 168 Menschenleben gefordert hatte, auf eine Sperrholzwand: „Das Gute überwindet das Böse". Diese Sperrholzwand war jedoch nur ein vorübergehendes Zeichen. Sie wurde inzwischen durch eine wunderschöne weiße Marmorstatue ersetzt, die Christus mit gebeugtem Haupt darstellt. Zu seinen Füßen steht auf einer kleinen Tafel die Inschrift: „Und Jesus weinte. Johannes 10,35." Die Bewohner von Oklahoma brauchten dieses Denkmal und nicht nur sie, sondern die ganze Welt. Ein Denkmal, das besagt: Durch Gottes Erbarmen und durch seine Macht wird das Gute das Böse überwinden.

Hier noch einige Möglichkeiten, wie wir Zeichen setzen können:

▷ Lassen Sie es sich doch zur Aufgabe werden, jedes Jahr zu Weihnachten oder zu Erntedank ein Gedicht zu schreiben. An jedem Hochzeitstag schreibe ich in meiner Stillen Zeit ein Gedicht und danke damit Gott für das vergangene Jahr mit meinem lieben Mann.

▷ Fertigen Sie Geschenke an, die sich vererben lassen, wie einen Quilt, eine Stickerei oder Ähnliches. Oder geben Sie ein Möbelstück, wie zum Beispiel eine Wiege, weiter, das an ein besonderes Ereignis erinnert. Auf diese Weise können Sie von einer Generation zur nächsten Vertrauen weitergeben.

▷ Pflanzen Sie bei der Geburt Ihrer Kinder oder beim Tod eines geliebten Angehörigen einen Baum.

▷ Setzen Sie Denkmäler! Das kann ein Springbrunnen sein oder ein Spruch, den Sie in nassen Zement drücken. Auf einer Freizeit ging ich einmal einen sogenannten Erinnerungspfad entlang. Alle paar Schritte war eine Marmortafel mit dem Lieblingsvers eines Menschen zu finden. Ein solcher Spruch wird demjenigen, der ihn ausgewählt hat, in Zeiten der Not Halt geboten oder Hoffnung auf eine Veränderung gegeben haben oder er war das Fundament einer Ehe. Ich bin mir sicher, jeder Spruch wird seine Geschichte haben.

Was könnte Ihr Denkmal auf Ihrem Weg mit Christus werden?

Anmerkungen

[1] „Fester als Felsen", Schulte & Gerth, Asslar und „Du bist bei mir", Schulte & Gerth, Asslar
[2] Jan Johnson, „Enjoying the Presence of God".
[3] Ebd.
[4] Jane Rubietta, „Quiet Places"
[5] Teresa Muller, „You are the Rock of Salvation"
[6] „Abenteuer zwischen Himmel und Erde", Hörspiele nach dem Alten und Neuen Testament von Günter Schmitz, erhältlich bei Schulte & Gerth.